충청남도교육청 교육공무직원

제1회 기출동형 모의고사

영역	직무능력검사	인성검사
문항수	50문항	200문항
시간	50분	40분
비고	객관식 4지선다형	YES/NO형

✳ 유의사항 ✳

- 문제지 및 답안지의 해당란에 문제유형, 성명, 응시번호를 정확히 기재하세요.
- 모든 기재 및 표기사항은 "컴퓨터용 흑색 수성 사인펜"만 사용합니다.
- 예비 마킹은 중복 답안으로 판독될 수 있습니다.

제 1 회 충청남도교육청 교육공무직원 모의고사

각 문제에서 가장 적절한 답을 하나만 고르시오.

1. 다음 ( )에 들어갈 말로 적절한 것은?

> 분식 : ( ) = 세면도구 : 칫솔

① 정식   ② 순대
③ 식당   ④ 가게

2. 다음 중 단어의 관계가 다른 것을 고르시오.

① 架空(가공) : 實際(실제)
② 間接(간접) : 直接(직접)
③ 減少(감소) : 減速(감속)
④ 開放(개방) : 閉鎖(폐쇄)

3. 다음 문제의 〈보기 1〉을 보고 〈보기 2〉에 제시된 문장의 참·거짓, 알 수 없음을 판단하면?

> 〈보기 1〉
> • 甲이 노란 구두를 신으면 반드시 A식품으로 강연을 간다.
> • 甲이 A식품으로 강연을 가는 날은 지하철을 탄다.
> • 오늘 甲은 지하철을 타지 않았다.

> 〈보기 2〉
> • 甲은 오늘 노란 구두를 신지 않았다.

① 참
② 거짓
③ 알 수 없음

4. 다음을 읽고 추리한 것으로 옳은 것은?

> ㉠ 어떤 회사의 사원 평가 결과 모든 사원이 최우수, 우수, 보통 중 한 등급으로 분류되었다.
> ㉡ 최우수에 속한 사원은 모두 45세 이상 이었다.
> ㉢ 35세 이상의 사원은 '우수'에 속하거나 자녀를 두고 있지 않았다.
> ㉣ 우수에 속한 사원은 아무도 이직경력이 없다.
> ㉤ 보통에 속한 사원은 모두 대출을 받고 있으며, 무주택자인 사원 중에는 대출을 받고 있는 사람이 없다.
> ㉥ 이 회사의 직원 A는 자녀가 있으며 이직경력이 있는 사원이다.

① A는 35세 미만이고 무주택자이다.
② A는 35세 이상이고 무주택자이다.
③ A는 35세 미만이고 주택을 소유하고 있다.
④ A는 45세 미만이고 무주택자이다.

5. 다음의 말이 전부 참일 때 항상 참인 것은?

> • 파란상자는 노란상자에 들어간다.
> • 녹색상자는 분홍상자에 들어간다.
> • 주황상자는 노란상자에 들어간다.
> • 파란상자와 분홍상자의 크기가 같다.

① 주황상자는 파란상자에 들어간다.
② 분홍상자는 주황상자에 들어간다.
③ 노란상자는 분홍상자에 들어가지 않는다.
④ 녹색상자는 파란상자에 들어가지 않는다.

┃6∼10┃ 다음 제시된 숫자의 배열을 보고 규칙을 적용하여 빈칸에 들어갈 알맞은 수를 고르시오.

6.

| 13   5   18   23   41   64   105   ( ) |

① 169
② 160
③ 159
④ 148

7.

| 1   3   6   8   16   18   36   ( ) |

① 36
② 38
③ 70
④ 72

8.

| 3   9   22   66   79   237   ( ) |

① 244
② 247
③ 250
④ 256

9.

| 3*5＝13   4*7＝25   5*9＝41   (7*11)*3＝( ) |

① 287
② 288
③ 289
④ 290

10.

| 2 5 10 7 16   3 2 6 7 12   2 5 ( ) 6 15 |

① 10
② 20
③ 30
④ 40

11. $x = 14$일 때, $9x + 26$의 값은?

① 152
② 146
③ 142
④ 136

12. A, B를 포함한 6명의 직원이 정육각형 모양의 탁자에 그림과 같이 둘러앉아 주사위 한 개를 사용하여 다음 규칙을 따르는 시행을 한다.

> 주사위를 가진 사람이 주사위를 던져 나온 눈의 수가 3의 배수이면 시계 방향으로, 3의 배수가 아니면 시계 반대 방향으로 이웃한 사람에게 주사위를 준다.

A부터 시작하여 이 시행을 5번 한 후 B가 주사위를 가지고 있을 확률은?

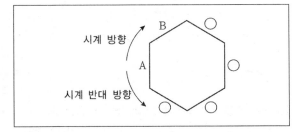

① $\dfrac{4}{27}$
② $\dfrac{2}{9}$
③ $\dfrac{8}{27}$
④ $\dfrac{10}{27}$

13. 어느 반 학생들 중 농구공을 가지고 있는 학생은 8명, 축구공을 가지고 있는 학생은 9명, 농구공이나 축구공을 가지고 있는 학생이 15명이라면, 농구공은 가지고 있고 축구공은 가지고 있지 않은 학생은 몇 명인가?

① 8명
② 7명
③ 6명
④ 5명

14. 한 건물에 A, B, C 세 사람이 살고 있다. A는 B보다 12살 많고, C의 나이의 2배보다 4살이 적다. 또한 B와 C는 동갑이라고 할 때 A의 나이는 얼마인가?

① 16살
② 20살
③ 24살
④ 28살

15. A, B, C의 3명이 어떤 장소에 모였다. A는 B보다 3분 이른 8시 56분에 도착했지만 이 때 A의 시계는 9시 1분 전이었다. B는 B의 시계로 9시 5분에 도착했고 C는 C의 시계로 9시 4분에 도착했다. B의 실제 도착 시간은 C의 실제 도착 시간보다 5분 빠르다면 다음 중에서 맞는 것은 어느 것인가?

① B의 시계는 7분 빨라져 있었다.
② C의 시계만 표준보다 늦었다.
③ C는 A보다 7분 늦게 도착했다.
④ C는 표준시로 9시 4분에 도착했다.

16. 어떤 일을 완성하는데 강 과장은 15일 오 사원은 24일이 걸린다. 어떤 일을 강 과장이 5일 동안 한 후에 나머지를 오 사원이이 일을 하여 완성한다면 일을 마치는데 소요되는 총 일수는 며칠일까?

① 18일
② 19일
③ 20일
④ 21일

17. 팀원들에게 사탕을 나누어 주는데 한 사람에게 4개를 주면 5개가 남고, 6개를 주면 3개가 부족하다. 이 때, 사탕의 수를 구하면?

① 21
② 22
③ 23
④ 24

18. 다음 자료는 국내 버스운송업의 유형별 업체수, 보유대수, 종사자수에 대한 자료이다. 자료에 대한 설명으로 옳지 않은 것은?(소수점 둘째자리에서 반올림이다).

〈국내 버스운송업의 유형별 업체수, 보유대수, 종사자수〉

유형	구분	2015	2016	2017	2018	2019
시외 고속버스	업체수	10	10	8	8	8
	보유대수	2,282	2,159	2,042	2,014	1,947
	종사자수	5,944	5,382	4,558	4,381	4,191
시내버스	업체수	99	98	96	92	90
	보유대수	2,041	1,910	1,830	1,730	1,650
	종사자수	3,327	3,338	3,341	3,353	3,400
시외 일반버스	업체수	105	95	91	87	84
	보유대수	7,907	7,529	7,897	7,837	7,901
	종사자수	15,570	14,270	14,191	14,184	14,171
농어촌 버스	업체수	325	339	334	336	347
	보유대수	29,239	30,036	30,538	30,732	32,457
	종사자수	66,191	70,253	70,404	71,126	74,427

① 시내버스와 농어촌버스의 종사자수는 각각 매년 증가하였다.
② 시외고속버스는 2019년 업체당 종사자수가 2015년에 비해 감소하였다.
③ 농어촌버스의 2015년 대비 2019년의 종사자수 증감률은 10% 이하다.
④ 농어촌버스의 업체당 보유대수는 2016년부터 매년 증가하였다.

┃19~20┃ 아래의 주간 환율표를 보고 물음에 답하시오.

구분	원/달러	원/유로	원/엔	원/파운드	원/위안
첫째 주	945.54	1211.14	8.54	1770.54	118.16
둘째 주	963.14	1210.64	8.42	1763.55	118.64
셋째 주	934.45	1207.33	8.30	1763.62	119.51
넷째 주	964.54	1113.54	9.12	1663.47	120.64

19. A회사는 첫째 주에 중국에서 7,800켤레의 신발을 단가 200위안에 수입하였고, 일본에 6,400개의 목걸이를 단가 2,000엔에 수출하였다. 수입 금액과 수출 금액의 차이는?

① 101,451,120원

② 75,017,600원

③ 74,146,500원

④ 42,654,000원

20. 일본의 넷째 주 환율은 셋째 주 환율에 비해 몇 % 증가하였는가? (단, 소수점 둘째 자리에서 반올림한다.)

① 15.5% ② 12.4%

③ 10.0% ④ 9.9%

21. 다음은 A~E사의 연간 신상품 출시 건수에 대한 자료이다. 조사 기간 동안 출시 건수가 가장 많은 회사와 세 번째로 많은 회사의 2018년 대비 2019년의 증감률을 차례대로 바르게 적은 것은?

	A사	B사	C사	D사	E사
2016	23	79	44	27	20
2017	47	82	45	30	19
2018	72	121	61	37	19
2019	127	118	80	49	20

① 2.48%, 31.15%

② −2.38%, 30.15%

③ −2.48%, 31.15%

④ 2.38%, 30.15%

22. 다음은 한 학급의 윗몸일으키기 점수와 팔굽혀펴기 점수를 조사하여 나타낸 표이다. A라는 학생은 윗몸일으키기를 3점을 맞았다면, 이 학생이 팔굽혀펴기 점수를 4점을 받았을 확률은?

(단위 : 점수, 명)

팔굽혀펴기 / 윗몸일으키기	1	2	3	4	5	계
1		1				1
2	1	2	3			6
3		5	7	4		16
4			6	5	3	14
5				2	1	3
계	1	8	16	11	4	40

① 20% ② 25%

③ 30% ④ 35%

23. 다음 중 밑줄 친 단어와 유사한 의미를 지닌 단어는?

> 그는 하는 행동이 경망(輕妄)하여 주의를 받곤 한다.

① 오감스럽다   ② 다투다
③ 여유없다   ④ 경시(輕視)하다

24. 다음에 제시된 단어와 상반된 의미를 가진 단어는?

> 수더분하다

① 강건하다
② 듬직하다
③ 까다롭다
④ 깔끔하다

25. 다음에 제시된 단어들을 통해 연상되는 것을 고르시오.

> 뼘, 발, 길, 자, 마장

① 길이   ② 넓이
③ 부피   ④ 무게

26. 다음 밑줄 친 단어 중 우리말의 어문 규정에 알맞게 쓴 것은?

① <u>무졸임</u>은 어떤 양념으로 해도 맛있다.
② 형식적인 <u>인삿말</u>이었지만 위로가 되었다.
③ <u>있다가</u> 6시에 다시 만나자.
④ 그는 결국 아들에게까지 손을 <u>벌리고</u> 말았다.

27. 다음 밑줄 친 단어의 발음이 옳지 않은 것은?

① 그는 <u>막일</u>이라도 마다하지 않았다.→[마길]
② <u>앞마당</u>에 가득 핀 꽃 사이로 아이들이 신나게 뛰어다녔다.→[암마당]
③ 그가 내뱉은 변명에 <u>헛웃음</u>이 나왔다.→[허두슴]
④ 어머니가 건넨 선물은 딱히 <u>값있는</u> 물건은 아니었다.→[가빈는]

28. 다음 중 띄어쓰기가 옳지 않은 것은?

① <u>사과는 커녕</u> 오히려 화를 내다니.
② <u>아빠뿐만 아니라</u> 엄마도 그래.
③ 버스가 끊겨 <u>걸어갈 수밖에</u> 없었다.
④ 그 친구는 말로만 <u>큰소리친다.</u>

29. 다음 중 밑줄 친 단어의 의미가 다른 것은?

① <u>이른</u> 아침부터 작은 새들의 노랫소리가 울렸다.
② 그는 남들보다 <u>이르게</u> 하루를 시작했다.
③ 아직 <u>이른데</u> 왜 서두르고 그래?
④ 차가 멈추었지만 어디에 <u>이르게</u> 된 건지 알 수 없었다.

30. 다음 중 단어와 뜻의 연결이 바르지 않은 것은?

① 수술이 끝나고 한참이 지나서야 마취에서 <u>깼다</u>. → 술기운 따위가 사라지고 온전한 정신 상태로 돌아오다.
② 꿈에서 <u>깬</u> 후에도 쉽사리 현실감이 들지 않았다. → 잠, 꿈 따위에서 벗어나다. 또는 벗어나게 하다.
③ 약속을 <u>깬</u> 건 내가 아니라 너였어. → 단단한 물체를 쳐서 조각이 나게 하다.
④ 그는 자신의 최고 기록과 동시에 세계 최고기록을 <u>깨버렸다</u>. → 어려운 장벽이나 기록 따위를 넘다.

|31~32| 다음에 제시된 9개의 단어 중 관련된 단어를 통해 유추할 수 있는 것을 고르시오.

31.

> 갤럭시, 달, 곰돌이, 광고, 어플, 메모지, 씨리얼, 아이폰, 청소기

① 스마트폰   ② 테디베어
③ 야구   ④ 아침

32.

> 계산기, 단풍, 키보드, 자동차, 연기, 고추잠자리, 영화, 플라스틱, 추수

① 극장   ② 여름
③ 가을   ④ 공장

33. 乙의 말하기에 나타난 문제점으로 가장 적절한 것은?

> 甲 : 이번 한국 시리즈에 어떤 팀이 올라갔지?
> 乙 : 돌아오는 월요일에는 경기가 없어.

① 대화 맥락에 어긋나는 정보를 제공하고 있다.
② 자신의 이익만을 대변하고 있다.
③ 통계 자료를 과도하게 해석하며 상대를 설득하고 있다.
④ 확실하지 않은 일을 사실인 것처럼 전달하고 있다.

34. 다음 ( )안에 들어갈 접속어를 순서대로 나열한 것은?

> 세계기상기구(WMO)에서 발표한 자료에 따르면 지난 100년간 지구 온도가 뚜렷하게 상승하고 있다고 한다. ( ) 지구가 점점 더워지고 있다는 말이다. 산업 혁명 이후 석탄과 석유 등의 화석 연료를 지속적으로 사용한 결과로 다량의 온실 가스가 대기로 배출되었기 때문에 지구 온난화 현상이 심화된 것이다. ( ) 작은 것일지라도 실천할 수 있는 방법들을 찾아보아야 한다.

① 다시 말해서, 비록
② 그러나, 그리고
③ 게다가, 비록
④ 그런데, 그래도

∎35～36∎ 다음 글을 읽고 물음에 답하시오.

최근 한 유전학 연구팀이 지구의 생명체는 100억 년 전 생긴 것으로 보인다는 연구결과를 발표해 눈길을 끌고 있다. 이 같은 결과는 곧 45억 년 된 지구 나이를 고려하면 인류의 기원은 지구 밖에서 온 것으로 풀이된다.

화제의 연구는 미국의 국립노화연구소 알렉세이 샤로브 박사와 해군 연구소 리처드 고든 박사가 실시해 발표했다. 연구팀이 이번 연구에 적용한 이론은 엉뚱하게도 '무어의 법칙'(Moore's Law)이다.

무어의 법칙은 마이크로칩에 저장할 수 있는 데이터 용량이 18개월마다 2배씩 증가한다는 이론으로 인텔의 공동설립자 고든 무어가 주장했다. 곧 생명체가 원핵생물에서 진핵생물로 이후 물고기, 포유동물로 진화하는 복잡성의 비율을 컴퓨터가 발전하는 속도와 비교한 결과 지구 생명체의 나이는 97억 년(±25억 년)으로 계산됐다.

결과적으로 이들 연구팀의 이론은 지구상의 원시 생명은 다른 천체로부터 운석 등에 달려 도래한 것이라는 '판스페르미아설'(theory of panspermia)을 뒷받침하는 또 하나의 이론이 된 ㉠셈이다.

샤로브 박사는 "이번 연구는 어디까지나 이론일 뿐"이라면서도 "생명체의 기원이 지구 밖에서 왔을 확률은 99% 진실"이라고 주장했다. 이어 "연구에 다양한 변수들이 존재하지만 생명체의 기원을 밝히는 가장 그럴듯한 가설"이라고 덧붙였다.

35. 주어진 글의 내용으로 적절하지 않은 것은?

① 지구의 생명체는 외계에서 왔다.
② 고든 무어는 인텔의 공동설립자이다.
③ 고든 무어는 18개월마다 2배로 생명체가 증식한다고 주장했다.
④ 원시 생명체는 운석 등으로 지구에 정착한 것이다.

36. 밑줄 친 ㉠과 같은 의미로 사용된 것은?

① 영희는 셈이 매우 빠르다.
② 그렇게 아무 생각이 없어서 어쩔 셈이야?
③ 그 정도면 잘 한 셈이야.
④ 다 받은 셈 치자.

37. 다음 글의 내용에 어울리는 고사 성어로 가장 적절한 것은?

최근 여러 기업들이 상위 5% 고객에게만 고급 서비스를 제공하는 마케팅을 벌여 소비자뿐만 아니라 전문가들에게서도 우려의 소리를 듣고 있다. 실제로 모 기업은 지난해 초 'VIP 회원'보다 상위 고객을 노린 'VVIP 회원'을 만들면서 △매년 동남아·중국 7개 지역 왕복 무료 항공권 △9개 호텔 무료 숙박 △해외 유명 골프장 그린피 무료 등을 서비스로 내세웠다. 하지만 최근에 이 기업과 제휴를 맺고 있는 회사들이 비용 분담에 압박을 느끼면서 서비스 중단을 차례로 통보했다. 또 자사 분담으로 제공하고 있던 호텔 숙박권 역시 비용 축소를 위해 3월부터 서비스를 없앨 것으로 알려졌다.

한 업계 관계자는 "기존 회원 시장이 포화 상태가 되면서 업계가 저마다 지난해 VIP 마케팅을 내세웠지만 높은 연회비로 인해 판매 실적은 저조한 반면 무료 공연을 위한 티켓 구매, 항공권 구입 등에 소요되는 사업비 부담은 너무 크다 보니 오히려 어려움을 겪고 있는 실정"이라고 말했다.

① 견강부회(牽强附會)
② 비육지탄(髀肉之嘆)
③ 자승자박(自繩自縛)
④ 화이부동(和而不同)

38. 다음 글의 글쓰기 전략으로 적절하지 않은 것은?

지구는 과거 수십만 년 동안 빙하기와 간빙기가 주기적으로 나타나는 기후 변화의 큰 틀 속에서 비교적 안정적인 기후 환경을 유지하여 왔다. 그렇지만 더 과거로 거슬러 올라가면, 공룡들이 활보하던 시기인 중생대에는 지금보다 기온이 더 높았고, 이산화탄소의 농도도 더 높았다.

지난 만 년 동안 대기 속 이산화탄소 농도는 약 280ppm으로 유지되었다. 그러나 18세기 중반 산업혁명 이후 200년 동안 이산화탄소 농도는 10퍼센트 증가하였으며, 그 뒤 전 세계 화석 연료 사용량이 급증하면서 이산화탄소의 농도는 2005년 380ppm으로 빠르게 높아지고 있다. 2100년까지 이산화탄소의 농도는 1,000ppm 가까이 높아질 수도 있다. 지구 온난화 정도는 온실가스 농도가 얼마나 높아지느냐에 따라 결정된다. 이미 20세기 지구 평균 기온은 19세기에 비해 0.6℃ 상승하였고, 21세기에는 20세기 변화의 약 10배에 달하는 5.8℃까지 상승할 가능성이 있다.

온실 효과로 인한 기후 변화는 인간을 비롯한 지구 생명체의 생존을 위협하거나 생태계의 이상을 가져올 수 있다. 겨울이 따뜻해짐에 따라 소나무딱정벌레와 같은 해충은 겨울에 무사히 살아남아 여름에 기승을 부릴 수도 있다. 아열대 지방에서는 너무 온도가 높아서 벼 재배에 비상이 걸릴 수도 있다. 실생활에서도 여름 기온이 올라가 폭염이 자주 발생하고, 그에 따른 질병이나 열대성 전염병이 발생할 가능성도 높아질 것이다. 최근 백령도에서 아열대 나비종이 발견되었다고 보도되었다. 바다의 변화도 감지된다. 우리나라 근해에서 명태와 같은 한류성 어종보다 오징어 같은 난류성 어종이 더 많이 잡힌다. 자그마한 곤충이나 바다에 사는 물고기도 이미 기후 변화가 일어나고 있음을 증명하고 있다.

그러나 기온만 올라가는 것이 아니다. 지구의 대기 순환 흐름이 달라지면서 비가 오는 것도 달라질 수 있다. 기온이 올라가면 공기가 수증기를 포함할 수 있는 능력이 커져서 호우의 발생이 잦고 보다 강력한 태풍이 발생할 가능성도 높아진다. 해수면의 높이도 지금보다 높아져서 해발 고도가 낮은 네덜란드, 방글라데시와 같은 나라나 투발루 같은 작은 섬나라들의 피해가 커질 것이다.

① 현상의 변화 과정을 통시적으로 제시하고 있다.
② 객관적 수치를 제시하여 글의 신뢰성을 높이고 있다.
③ 구체적 사례를 통해 상황의 심각성을 부각하고 있다.
④ 물음과 대답의 형식으로 독자의 관심을 유도하고 있다.

39. 다음 글을 순서에 맞게 배열한 것은?

㉠ 실험 조건을 살펴보면, 종소리를 들려준 후 먹이를 주는데, 종소리 열 번 중 여덟 번의 비율로 먹이를 주는 경우(Aa라 함)와 종소리 열 번 중 여섯 번의 비율로 먹이를 주는 경우(Ab라 함)로 나누었다.

㉡ 예를 들어, 종소리 열 번 중 여덟 번의 비율로 먹이를 주면서, 종소리를 들려주고 1초 후 먹이를 주면 Aa 1초 조건이 된다.

㉢ 어떤 연구자가 개에게 먹이를 주면서 침 분비와 관련 없던 종소리를 반복해서 들려주면 나중에는 종소리만 들어도 침을 흘린다는 원리를 검증하기 위해 개에게 실험을 하였다.

㉣ Aa와 Ab 각각은 종소리를 들려준 후 몇 초 만에 먹이를 주는지에 따라 네 조건(1초, 2초, 3초, 4초)으로 세분되었다.

㉤ 그밖에도 매번 먹이를 주고 1초 후 종소리를 들려주는 B조건, 종소리와 먹이를 동시에 주는 C조건이 있었다.

① ㉢㉡㉠㉤㉣
② ㉢㉡㉣㉣㉤
③ ㉢㉠㉣㉤㉡
④ ㉢㉣㉤㉠㉡

40. 다음 글의 빈칸에 들어갈 내용으로 가장 알맞은 것은?

> 음악에서 연주라는 개념이 본격적으로 의미를 갖게 된 것은 18세기부터이다. 당시 유행하였던 영향 미학에 따라 음악은 '내용'을 가지고 있어야 한다고 생각되었다. 여기서 내용은 누구나 느낄 수 있는 객관적인 감정을 의미했는데, 이 시기의 연주는 그 감정을 청중에게 정확하게 전달하는 것으로 이해되었다. 따라서 작곡자들은 악곡 속에 그 감정들을 담아 내었고, 연주자들은 자신의 생각이나 주관을 드러내기보다는 작품이 갖고 있는 감정을 청중에게 정확하게 전달하는 역할을 했다. 즉 연주란 _____ 을 의미했으며, 당시에 청중들은 연주를 통하여 작곡자가 제시한 감정을 감상하였던 것이다.

① 연주자가 소리를 통해 악보를 객관적으로 표현하는 작업

② 연주자 개인의 풍부한 감성으로 곡을 표현하는 작업

③ 연주자의 기교를 통해 아름다운 연주로 악보를 표현하는 작업

④ 청중들이 평소에 느끼지 못했던 감정을 연주로 표현해주는 작업

41. 제시된 도형을 화살표 방향으로 접은 후 구멍을 뚫은 다음 다시 펼쳤을 때의 그림을 고르시오.

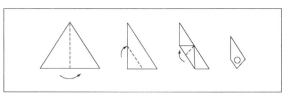

①

②

③

④

42. 다음 전개도를 접었을 때 나타나는 정육면체의 모양이 아닌 것은?

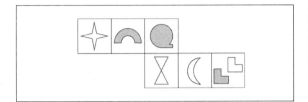

①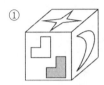

②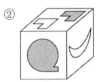

③

④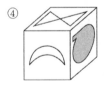

43. 다음 제시된 세 개의 단면을 참고하여 해당되는 입체도형을 고르시오.

평면	정면	우측면

①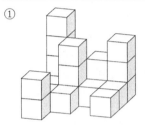

②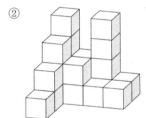

③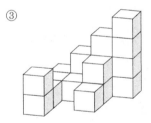

④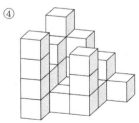

44. 다음 제시된 두 도형을 결합했을 때 만들 수 없는 형태를 고르시오.

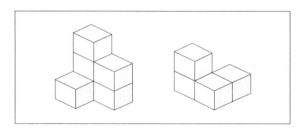

①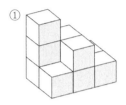

②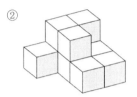

③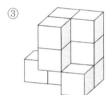

④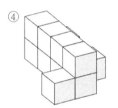

45. 다음 입체를 펼쳤을 때, 나올 수 있는 전개도로 알맞은 것은?

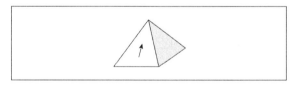

①

②

③

④

46. 다음 보기 중 주어진 입체도형과 일치하는 것은?

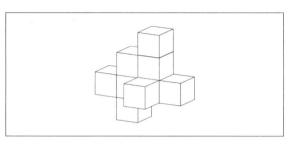

①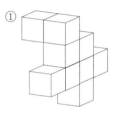

②

③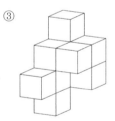

④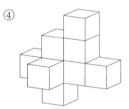

47. 다음 제시된 그림과 같이 쌓기 위해 필요한 블록 수를 구하시오.

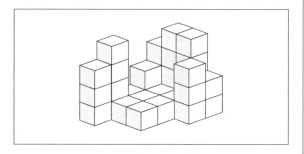

① 32
② 30
③ 28
④ 26

48. 다음의 제시된 도형을 조합하여 만들어진 것을 고르시오.

①

②

③

④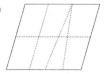

49. 아래의 기호/문자 중 '머리'는 몇 번 제시되었나?

모기 민지 너리 멀티 메리 매일 무림 먹이 머리
먼지 머리 미리 무림 먹이 머기 머로 무리 나리
매리 머루 내일 먹튀 모래 모기 먼지 머루 머리
맨뒤 노리 무리 메루 머지 먼뒤 메일 내림 메리
먹튀 모기 머루 나비 먼지 머리 머루 먹이 멀티
무림 먼뒤 미지 만두 매리 무리 메로 미리 무기
머리 나루 모래 멀티 민지 모리 먼기 미지 모기
메일 나림 무리 메로 민티 먼쥐 미리 메리 멀리

① 2개
② 3개
③ 4개
④ 5개

50. 다음 제시된 입체 중에서 나머지와 모양이 다른 하나를 고르시오.

①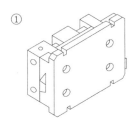

②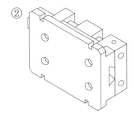

③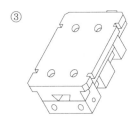

④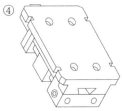

제1회 충남교육청 교육공무직원 모의고사

✏️ 인적성검사(200문항/40분)

┃1~200┃ 다음 진술이 자신에게 적합하면 YES, 그렇지 않다면 NO를 선택하시오.

(인성검사는 응시자의 인성을 파악하기 위한 시험이므로 정답이 존재하지 않습니다.)

	YES	NO

1. 아침에 일어나면 대개 상쾌하고 밤새 잘 쉬었다는 기분이 든다. ·········· ( )( )

2. 작은 소리에도 쉽게 잠이 깬다. ·········· ( )( )

3. 나의 손발은 대체로 따뜻하다. ·········· ( )( )

4. 탐정소설이나 추리소설을 좋아한다. ·········· ( )( )

5. 차마 입 밖에 꺼낼 수 없을 정도로 나쁜 생각을 할 때가 가끔 있다. ·········· ( )( )

6. 갑자기 속이 매스껍거나 구토가 나서 고생한다. ·········· ( )( )

7. 범죄에 관한 신문기사 읽기를 좋아한다. ·········· ( )( )

8. 이따금 집을 몹시 떠나고 싶다. ·········· ( )( )

9. 나의 일상생활은 흥미로운 일로 가득 차 있다. ·········· ( )( )

10. 지금도 예전처럼 일할 수 있다. ·········· ( )( )

11. 목에 무언가 걸린 것 같은 때가 많다. ·········· ( )( )

12. 사람들이 내게 트집을 잡는다. ·········· ( )( )

13. 무례하고 성가시게 구는 사람에게 때때로 거칠게 대해야 했던 적이 있다. ·········· ( )( )

14. 변비로 고생하지는 않는다. ·········· ( )( )

15. 상당한 긴장 속에서 일하고 있다. ·········· ( )( )

16. 학교에서 품행점수가 언제나 나빴다. ·········· ( )( )

17. 나는 혼자 여행하기를 좋아한다. ·········· ( )( )

18. 일이 조금만 잘못되어도 화를 내곤 한다. ·········· ( )( )

19. 나는 매사에 빈틈이 없는 편이다. ·········· ( )( )

20. 나에게 나쁜 짓을 하는 사람에게는 할 수만 있다면 보복을 해야 한다. ·········· ( )( )

21. 철학적 주제는 머리가 아프다. ·········· ( )( )

22. 아무도 나를 이해해 주지 않는 것 같다. ·········· ( )( )

23. 곤경에 처했을 때는 입을 다물고 있는 것이 상책이다. ·········· ( )( )

24. 귀신이나 악령이 가끔 나를 지배한다. ·········· ( )( )

15

YES NO

25. 한 가지 과제나 일에 정신을 집중하기가 어렵다. ··· (   )(   )

26. 일을 할 엄두가 나지 않아서 며칠, 몇 주 혹은 몇 달씩 해야 할 일들을 못한 적이 있다. ····· (   )(   )

27. 위기나 어려움에 맞서기를 피한다. ·· (   )(   )

28. 일주일에 몇 번이나 위산과다나 소화불량으로 고생한다. ·· (   )(   )

29. 때때로 욕설을 퍼붓고 싶다. ··· (   )(   )

30. 며칠에 한 번씩 악몽으로 시달린다. ··· (   )(   )

31. 나의 결정에 대해 잘 변경하지 않는 편이다. ·· (   )(   )

32. 아주 기이하고 이상한 경험을 한 적이 있다. ·· (   )(   )

33. 건강에 대해 거의 염려하지 않는다. ··· (   )(   )

34. 오랫동안 보지 못했던 사람이 먼저 내게 다가와 말 걸지 않는 한 그냥 모른 체하고

　　 지나간다. ··· (   )(   )

35. 어렸을 때 가끔 물건을 훔친 적이 있다. ··· (   )(   )

36. 나는 내 친구들 못지않게 신체적으로 건강하다. ·· (   )(   )

37. 때때로 무엇인가를 부셔 버리고 싶어진다. ·· (   )(   )

38. 언제나 진실만을 말하지는 않는다. ··· (   )(   )

39. 잠을 깊이 들지 못하고 설친다. ··· (   )(   )

40. 거의 언제나 머리가 온통 쑤시는 것 같다. ·· (   )(   )

41. 일주일에 한 번 혹은 그 이상, 아무런 까닭도 없이 갑자기 온몸이 화끈거린다. ············· (   )(   )

42. 사람들이 고의적으로 내게 못되게 굴지만 않아도 나는 훨씬 더 성공했을 것이다. ·········· (   )(   )

43. 지금의 내 판단력은 예전보다 훨씬 더 좋다. ··· (   )(   )

44. 심장이나 가슴이 아파 고생한 적이 거의 없다. ··· (   )(   )

45. 목덜미가 아플 때가 거의 없다. ··· (   )(   )

46. 한 가지 일에 너무 매달려서 남들이 내게 참을성을 잃는 때가 가끔 있다. ··················· (   )(   )

47. 몸의 어떤 부위가 화끈거리거나 쑤시거나 근질거리거나 저리거나 할 때가 종종 있다. ····· (   )(   )

48. 거의 어느 때나 무언가를 하기보다는 가만히 앉아 공상에 잠기는 편이다. ··················· (   )(   )

49. 나는 매우 사교적인 사람이다. ·· (   )(   )

50. 나만큼 알지 못하는 사람들로부터 명령을 받아야 할 때가 종종 있다. ························· (   )(   )

YES NO

51. 매일 신문의 모든 사설을 읽지는 않는다. ·· ( )( )

52. 올바른 삶을 살아오지 못했다. ··· ( )( )

53. 내가 여자(남자)였으면 하고 바랄 때가 자주 있다. ································· ( )( )

54. 가족들이 내가 앞으로 하고자 하는 일을 좋아하지 않는다. ······················· ( )( )

55. 어려운 사람들을 돕기 위해 자원봉사활동에 참여하고 싶다. ······················· ( )( )

56. 나도 남들만큼 행복했으면 좋겠다. ·· ( )( )

57. 부모님은 내 친구들을 좋아하지 않는다. ·· ( )( )

58. 타인으로부터 동정이나 도움을 얻기 위해 자기들의 불행을 과장하는 사람이 많다. ··· ( )( )

59. 며칠마다 한번 씩 명치가 거북해서 고생한다. ······································ ( )( )

60. 남들과 함께 있을 때 아주 이상한 이야기를 듣게 되어 괴롭다. ····················· ( )( )

61. 나는 중요한 사람이라고 생각한다. ·· ( )( )

62. 가끔 개나 고양이 등의 동물을 못살게 군다. ······································· ( )( )

63. 대부분의 법률은 없애버리는 편이 더 낫다. ·· ( )( )

64. 나는 사건의 원인과 결과를 쉽게 파악한다. ·· ( )( )

65. 나는 거의 언제나 우울하다. ·· ( )( )

66. 산림감시원이 하는 일이 마음에 든다. ·· ( )( )

67. 가끔 기분이 좋지 않을 때 나는 짜증을 낸다. ······································· ( )( )

68. 남들이 놀려도 개의치 않는다. ·· ( )( )

69. 일을 하는 것이 시간낭비라고 생각한다. ·· ( )( )

70. 나는 논쟁에서 쉽사리 궁지에 몰린다. ·· ( )( )

71. 요즈음은 가치 있는 사람이 될 것이라는 희망을 지탱해 나가기가 어렵다. ············· ( )( )

72. 나의 영혼(넋)이 가끔 내 몸을 떠난다. ·· ( )( )

73. 나는 확실히 자신감이 부족하다. ·· ( )( )

74. 꽃가게를 운영하고 싶다. ··· ( )( )

75. 인생은 살 만한 가치가 있다고 생각한다. ··· ( )( )

76. 사람들에게 진실을 납득시키기 위해서 토론이나 논쟁을 많이 해야 한다. ·············· ( )( )

77. 이따금 오늘 해야 할 일을 내일로 미룬다. ··· ( )( )

YES NO

78. 후회할 일을 많이 한다. ·· ( )( )

79. 근육이 꿈틀거리거나 경련되는 일이 거의 없다. ··· ( )( )

80. 간호사가 되고 싶다. ··· ( )( )

81. 대부분의 사람들은 남보다 앞서기 위해서라면 거짓말도 할 것이다. ················ ( )( )

82. 어떤 사람들은 너무나 이래라 저래라 해대서 그들이 옳다는 것을 알면서도 일부러 해
    달라는 것과는 정반대의 일을 하고 싶어진다. ·· ( )( )

83. 집안 식구들과 거의 말다툼을 하지 않는다. ·· ( )( )

84. 여자도 남자와 같이 성의 자유를 누려야 한다. ··· ( )( )

85. 때로 해롭거나 충격적인 일을 하고 싶은 충동을 강하게 느낀다. ····················· ( )( )

86. 떠들썩하게 놀 수 있는 파티나 모임에 가는 것을 좋아한다. ··························· ( )( )

87. 선택의 여지가 너무 많아 마음의 결정을 내리지 못한 상황에 처한 적이 있었다. ··· ( )( )

88. 살찌지 않기 위해 가끔 난 먹은 것을 토해낸다. ··· ( )( )

89. 나에게 가장 힘든 싸움은 나 자신과의 싸움이다. ··· ( )( )

90. 나는 아버지를 사랑한다. ·· ( )( )

91. 경기나 게임은 내기를 해야 더 재미있다. ·· ( )( )

92. 나에게 무슨 일이 일어나건 상관하지 않는 편이다. ·· ( )( )

93. 내 주위에 있는 사람들만큼 나도 유능하고 똑똑한 것 같다. ··························· ( )( )

94. 마치 내가 나쁜 일을 저지른 것처럼 느껴지는 때가 많다. ······························· ( )( )

95. 거의 언제나 나는 행복하다. ··· ( )( )

96. 다른 사람에게는 보이지 않는 물건, 동물 혹은 사람이 내 눈에 보인다. ············ ( )( )

97. 거의 언제나 머리가 코가 꽉 막혀 있는 것 같다. ··· ( )( )

98. 가끔 화를 낸다. ·· ( )( )

99. 누군가 나에게 악의를 품고 있거나 나를 해치려고 한다. ································· ( )( )

100. 스릴(아슬아슬함)을 맛보기 위해 위험한 행동을 해본 적이 한 번도 없다. ········ ( )( )

101. 머리에 띠를 맨 듯 꽉 조이는 것 같이 느낄 때가 자주 있다. ························· ( )( )

102. 내 말투는 항상 같다. ·· ( )( )

103. 집에서 식사를 할 때는 남들과 함께 외식할 때만큼 식사예절을 잘 지키지 않는다. ·· ( )( )

YES NO

104. 사람들은 대부분 들키는 게 무서워서 정직한 것이다. .... ( )( )

105. 학교 다닐 때 나쁜 짓을 하여 가끔 교무실에 불려 갔었다. .... ( )( )

106. 소화불량, 신트림 등 위장과 관련된 장애가 많다. .... ( )( )

107. 대부분의 사람들은 이득이 된다면 다소간 부당한 수단도 쓸 것이다. .... ( )( )

108. 능력도 있고 열심히 일하기만 한다면 누구나 성공할 가능성이 크다. .... ( )( )

109. 누구 때문에 내가 이런 곤경에 빠져 있는지 안다. .... ( )( )

110. 피를 봐도 놀라거나 역겹지 않다. .... ( )( )

111. 종종 내가 왜 그렇게 짜증을 내거나 뚱해 있었는지 도무지 이해할 수 없다. ...... ( )( )

112. 연극을 좋아한다. .... ( )( )

113. 입장료를 내지 않고 극장에 들어가도 들킬 염려만 없다면 나는 아마 그렇게 할 것이다.
    .... ( )( )

114. 꽃이나 화초를 가꾸는 것을 좋아한다. .... ( )( )

115. 옳다고 생각하는 일은 밀고 나가야 할 필요가 있다고 자주 생각한다. .... ( )( )

116. 거의 매일 밤 별 잡념 없이 쉽게 잠든다. .... ( )( )

117. 피를 토하거나 피가 섞인 기침을 한 적이 없다. .... ( )( )

118. 누군가 내게 잘해 줄 때는 뭔가 숨은 의도가 있을 것이라고 종종 생각한다. ...... ( )( )

119. 내 주위 사람들처럼 나의 가정생활도 즐겁다. .... ( )( )

120. 나는 사후의 세계가 있다고 믿는다. .... ( )( )

121. 이상한 성행위에 빠져본 적이 없다. .... ( )( )

122. 때때로 생각이 너무 빨리 떠올라서 그것을 말로 다 표현할 수 없다. .... ( )( )

123. 결정을 빨리 내리지 못해서 종종 기회를 놓쳐 버리곤 했다. .... ( )( )

124. 중요한 일을 하고 있을 때 남들이 조언을 하거나 다른 일로 나를 방해하면 참을성을
    잃고 만다. .... ( )( )

125. 지금도 매일 일기를 쓴다. .... ( )( )

126. 법률은 지켜져야 하며 어긴 사람은 벌 받아 마땅하다. .... ( )( )

127. 비판이나 꾸지람을 들으면 속이 몹시 상한다. .... ( )( )

128. 음식 만들기를 좋아한다. .... ( )( )

YES NO

129. 내 행동은 주로 주위 사람들의 행동에 의해 좌우된다. ·· ( )( )

130. 때때로 나는 정말 쓸모없는 인간이라고 느낀다. ·· ( )( )

131. 어렸을 때 어려움이 닥쳐도 의리를 지키려고 하는 친구들 무리와 어울려 지냈다. ······ ( )( )

132. 누군가가 나를 해칠 음모를 꾸미고 있다. ·· ( )( )

133. 게임에서 지기보다는 이기고 싶다. ··· ( )( )

134. 누군가에게 주먹다짐을 하고 싶을 때가 이따금 있다. ··· ( )( )

135. 정신은 멀쩡하지만 갑자기 몸을 움직일 수도 말을 할 수도 없었던 적이 있다. ··········· ( )( )

136. 누가 내 뒤를 몰래 따라다닌다. ··· ( )( )

137. 이유도 없이 자주 벌 받았다고 느낀다. ·· ( )( )

138. 발작이나 경련을 일으킨 적이 없다. ··· ( )( )

139. 나는 쉽게 운다. ··· ( )( )

140. 체중이 늘지도 줄지도 않는다. ··· ( )( )

141. 지난 몇 년간 대체로 건강했다. ··· ( )( )

142. 거의 두통을 느끼지 않는다. ··· ( )( )

143. 지루할 때면 뭔가 신나는 일을 벌이고 싶다. ·· ( )( )

144. 술을 마시거나 마약을 사용하는 문제가 있다. ·· ( )( )

145. 나도 모르게 속았다는 것을 인정해야 할 때 나는 분노하게 된다. ·························· ( )( )

146. 쉽게 피곤해지지 않는다. ·· ( )( )

147. 요즈음은 무엇을 읽어도 예전처럼 잘 이해할 수 없다. ·· ( )( )

148. 내 인생에서 요즘만큼 기분이 좋은 때가 없었다. ··· ( )( )

149. 정수리를 건드리면 아플 때가 가끔 있다. ··· ( )( )

150. 현기증이 나는 일이 거의 없다. ··· ( )( )

151. 나의 기억력은 괜찮은 것 같다. ··· ( )( )

152. 졸도한 적이 없다. ··· ( )( )

153. 중요한 인물들을 알고 지내고 싶다. 왜냐하면 그들로 인해 나 자신도 중요한 사람인

것처럼 느껴지기 때문이다. ·· ( )( )

154. 높은 곳에서 아래를 보면 겁이 난다. ··· ( )( )

제1회 충남교육청 교육공무직원 모의고사

YES NO

155. 가족들 중 누가 법적인 문제에 말려든다 해도 별로 긴장하지 않을 것이다. ……………………… ( )( )

156. 뱀을 그다지 무서워하지 않는다. ………………………………………………………………………… ( )( )

157. 남이 나를 어떻게 생각하든 신경 쓰지 않는다. ………………………………………………………… ( )( )

158. 파티나 모임에서 장기 자랑을 하는 게 불편하다. ……………………………………………………… ( )( )

159. 성에 대해 걱정을 한다. ……………………………………………………………………………………… ( )( )

160. 학교를 좋아했다. …………………………………………………………………………………………… ( )( )

161. 수줍음을 탄다는 것을 나타내지 않으려고 자주 애써야 한다. ……………………………………… ( )( )

162. 누군가가 나를 독살하려고 한다. ………………………………………………………………………… ( )( )

163. 내가 하고 있는 일에 관해서 글을 읽거나 조사하는 것을 좋아한다. ……………………………… ( )( )

164. 거지에게 돈을 주는 것을 반대한다. ……………………………………………………………………… ( )( )

165. 여러 종류의 놀이와 오락을 즐긴다. ……………………………………………………………………… ( )( )

166. 오랫동안 글을 읽어도 눈이 피로해지지 않는다. ……………………………………………………… ( )( )

167. 처음 만나는 사람과 대화하기가 어렵다. ………………………………………………………………… ( )( )

168. 행동한 후에 내가 무엇을 했었는지 몰랐던 때가 있었다. ……………………………………………… ( )( )

169. 손 놀리기가 거북하거나 어색한 때가 없다. …………………………………………………………… ( )( )

170. 정신이 나가거나 자제력을 잃을까봐 두렵다. …………………………………………………………… ( )( )

171. 당황하면 땀이 나서 몹시 불쾌할 때가 가끔 있다. …………………………………………………… ( )( )

172. 무엇을 하려고 하면 손이 떨릴 때가 많다. ……………………………………………………………… ( )( )

173. 내 정신 상태에 뭔가 문제가 있는 것 같다. …………………………………………………………… ( )( )

174. 꽃가루 알레르기나 천식이 없다. ………………………………………………………………………… ( )( )

175. 거의 언제나 온몸에 기운이 없다. ………………………………………………………………………… ( )( )

176. 내가 아는 모든 사람을 다 좋아하지는 않는다. ………………………………………………………… ( )( )

177. 나는 때때로 자살에 대해 생각한다. ……………………………………………………………………… ( )( )

178. 심장이 두근거리거나 숨이 찰 때가 거의 없다. ………………………………………………………… ( )( )

179. 걸어가면서 몸의 균형을 유지하는 데 어려움이 없다. ………………………………………………… ( )( )

180. 농담이나 애교로 이성의 관심을 사고 싶다. …………………………………………………………… ( )( )

181. 가족이나 친척들은 나를 어린애 취급한다. ……………………………………………………………… ( )( )

	YES	NO

182. 나의 어머니는 좋은 사람이다. ·· ( )( )

183. 분명히 내 귀도 남들만큼 밝다. ·· ( )( )

184. 공상에 잠기는 적이 거의 없다. ·· ( )( )

185. 너무 수줍어하지 않았으면 좋겠다. ·· ( )( )

186. 건축업자가 하는 일을 좋아할 것 같다. ·· ( )( )

187. 신체적인 이상 때문에 여가 생활을 즐길 수 없다. ··· ( )( )

188. 과학을 좋아한다. ··· ( )( )

189. 비록 보답할 수 없더라도 친구의 도움을 청하는 것이 그리 어렵지 않다. ·········· ( )( )

190. 사냥을 무척 좋아한다. ··· ( )( )

191. 나는 독립성이 강하고 가족의 규율에 얽매임 없이 자유롭게 행동한다. ··········· ( )( )

192. 가끔 남에 대한 험담이나 잡담을 조금 한다. ·· ( )( )

193. 길을 걸을 때 길바닥의 금을 밟지 않으려고 매우 신경 쓴다. ························· ( )( )

194. 가족 중에 몹시 나를 괴롭히고 성가시게 하는 버릇을 가진 이가 있다. ·········· ( )( )

195. 다른 집에 비해 우리 가정은 사랑과 우애가 거의 없다. ································· ( )( )

196. 무엇인가에 대해 나는 자주 걱정을 한다. ·· ( )( )

197. 나는 남들보다 더 불안하거나 초조해 하지는 않는다. ···································· ( )( )

198. 전에 한 번도 가본 적이 없는 곳에 가는 것을 좋아한다. ······························ ( )( )

199. 나는 내 인생을 설계할 때 해야 할 도리나 의무를 우선으로 삼았고, 지금까지 그것을

　　 잘 지켜 왔다. ··· ( )( )

200. 나는 가끔 남의 일을 방해하곤 하는데 중요한 이유가 있어서라기보다는 그 일이

　　 원리원칙에 어긋나기 때문이다. ·· ( )( )

충청남도교육청
교육공무직원

성명

(자 필 성 명)

생 년 월 일

절 취 선

충청남도교육청 교육공무직원

제2회 기출동형 모의고사

영역	직무능력검사	인성검사
문항수	50문항	200문항
시간	50분	40분
비고	객관식 4지선다형	YES/NO형

✱ 유의사항 ✱

- 문제지 및 답안지의 해당란에 문제유형, 성명, 응시번호를 정확히 기재하세요.
- 모든 기재 및 표기사항은 "컴퓨터용 흑색 수성 사인펜"만 사용합니다.
- 예비 마킹은 중복 답안으로 판독될 수 있습니다.

제 2 회 충청남도교육청 교육공무직원 모의고사

각 문제에서 가장 적절한 답을 하나만 고르시오.

1. 다음 ( )에 들어갈 말로 적절한 것은?

> 아름답다 : 즐겁다 = 매우 : ( )

① 그리고　　　　② 새
③ 가다　　　　　④ 꽃

2. 다음 중 단어의 관계가 다른 하나는?

① 도서관 – 책 – 소설책
② 대리점 – 자동차 – SUV
③ 극장 – 영화 – 스릴러영화
④ 백화점 – 마트 – 편의점

3. 함께 여가를 보내려는 A, B, C, D, E 다섯 사람의 자리를 원형탁자에 배정하려고 한다. 다음 글을 보고 옳은 것을 고르면?

> • A 옆에는 반드시 C가 앉아야 된다.
> • D의 맞은편에는 A가 앉아야 된다.
> • 여가시간을 보내는 방법은 책읽기, 수영, 영화 관람이다.
> • C와 E는 취미생활을 둘이서 같이 해야 한다.
> • B와 C는 취미가 같다.

① A의 오른편에는 B가 앉아야 한다.
② B가 책읽기를 좋아한다면 E도 여가 시간을 책읽기로 보낸다.
③ B는 E의 옆에 앉아야 한다.
④ A와 D 사이에 C가 앉아있다.

4. 다음의 내용이 반드시 참일 때 항상 참인 것은?

> 신사업 박람회에 영어 통역사 6명, 스페인어 통역사 4명으로 총 10명의 통역사가 배치되었다. (가), (나), (다) 부스에 통역사를 배치하고자 할 때 다음의 기준을 따른다.
> • 각 부스마다 적어도 1명의 통역사를 배치한다.
> • 각 부스마다 배치된 통역사의 수는 각각 다르다.
> • (가)부스에 배치된 통역사의 수가 가장 적고, (다)가 가장 많다.
> • 스페인어 통역사만 배치된 부스는 없다.
> • (나)부스에 배치된 통역사는 영어 통역사의 수가 스페인어 통역사의 수보다 적다.

① (가)부스에는 반드시 1명의 통역사만 배치된다.
② (나)부스에 영어 통역사는 1명이다.
③ (다)부스에 스페인어 통역사가 배치되지 않는다.
④ (나)부스에 스페인어 통역사 3명 이상 배치될 수 없다.

5. 세 극장 A, B와 C는 직선도로를 따라 서로 이웃하고 있다. 이들 극장의 건물 색깔이 회색, 파란색, 주황색이며 극장 앞에서 극장들을 바라볼 때 다음과 같다면 옳은 것은?

> • B극장은 A극장의 왼쪽에 있다.
> • C극장의 건물은 회색이다.
> • 주황색 건물은 오른쪽 끝에 있는 극장의 것이다.

① A의 건물은 파란색이다.
② A는 가운데 극장이다.
③ B의 건물은 주황색이다.
④ C는 맨 왼쪽에 위치하는 극장이다.

┃6~10┃ 다음 제시된 숫자의 배열을 보고 규칙을 적용하여 빈칸에 들어갈 알맞은 숫자를 고르시오.

6.

| 7 9 12 4 ( ) −1 22 |

① 15
② 17
③ 19
④ 21

7.

| 1 2 2 4 8 32 ( ) |

① 44 ② 37
③ 114 ④ 256

8.

| 31 45 62 82 105 131 ( ) |

① 142
② 153
③ 157
④ 160

9.

| $5 * 3 = 16$ $13 * 3 = 32$ $7 * 8 = 30$
$4 * (1 * 8) = (\ \ )$ |

① 42 ② 43
③ 44 ④ 45

10.

| $\underline{3\ 4\ 10\ 11}$ $\underline{1\ 3\ 5\ 7}$ $\underline{8\ 2\ 18\ 12}$
$\underline{5\ 2\ (\ \ )\ 9}$ |

① 10 ② 11
③ 12 ④ 13

11. $4x + 18 = 3x + 26$일 때, x의 값은?

① 6 ② 7
③ 8 ④ 9

12. 어느 인터넷 사이트에서 회원을 대상으로 행운권 추첨 행사를 하고 있다. 행운권이 당첨될 확률은 $\frac{1}{3}$이고, 당첨되는 경우에는 회원 점수가 5점, 당첨되지 않는 경우에는 1점 올라간다. 행운권 추첨에 4회 참여하여 회원 점수가 16점 올라갈 확률은? (단, 행운권을 추첨하는 시행은 서로 독립이다.)

① $\frac{8}{81}$ ② $\frac{10}{81}$
③ $\frac{4}{27}$ ④ $\frac{14}{81}$

13. 꽃집을 운영하는 정순이는 꽃병에 꽃을 꽂으려고 한다. 꽃병 하나에 꽃 12송이씩 꽂으면 11송이가 남고 14송이씩 꽂으면 7송이가 부족하다. 꽃은 총 몇 송이인가?

① 118송이   ② 119송이
③ 120송이   ④ 121송이

14. TV를 판매할 때, 원가에 3할의 이익이 남게 정가를 정했지만, 할인을 하여 정가의 2할 할인으로 판매하였더니 결국 1대에 800원의 이익을 얻었다. 이 TV의 원가는 얼마인가?

① 1만원   ② 2만원
③ 3만원   ④ 5만원

15. 화창한 어느 날 낮에 3%의 설탕물 400g이 들어있는 컵을 창가에 놓아두었다. 저녁에 살펴보니 물이 증발하여 농도가 5%가 되었다. 남아있는 설탕물의 양은?

① 160g
② 180g
③ 220g
④ 240g

16. 동근이는 동료들과 함께 공원을 산책하였다. 공원에는 동일한 크기의 벤치가 몇 개 있다. 한 벤치에 5명씩 앉았더니 4명이 앉을 자리가 없어서 6명씩 앉았더니 남는 자리 없이 딱 맞았다. 동근이는 몇 명의 동료들과 함께 공원을 갔는가?

① 16명
② 20명
③ 24명
④ 30명

17. 갑과 을이 거리가 2km인 두 지점 A, B를 왕복하는 데, 갑은 분속 40m로 먼저 출발하고, 9분 후에 을이 자전거를 타고 분속 160m로 뒤따라갔다. 을은 갑을 A에서 몇 m 떨어진 곳에서 만났는가? (단, 두 사람은 A에서 같은 방향으로 출발하였다.)

① 480m
② 460m
③ 440m
④ 420m

|18~19| 다음은 A~E국의 최종학력별 근로형태 비율에 관한 자료이다. 물음에 답하시오. (계산값은 소수점 첫째자리에서 반올림한다.)

(단위 : %)

		A	B	C	D	E
중졸	전일제근로자	35	31	31	39	31
	시간제근로자	29	27	14	19	42
	무직자	36	42	55	42	27
고졸	전일제근로자	46	47	42	54	49
	시간제근로자	31	29	15	20	40
	무직자	23	24	43	26	11
대졸	전일제근로자	57	61	59	67	55
	시간제근로자	25	28	13	19	39
	무직자	18	11	28	14	6

18. 주어진 자료를 해석한 내용이 옳지 않은 것은?

① 중졸 전일제근로자의 비중은 모두 40%를 넘지 않는다.

② C국은 대졸 전일제근로자 비율이 고졸, 중졸보다 각각 10%p, 20%p이상 커서 최종학력이 높을수록 전일제로 근무하는 비율이 높다고 볼 수 있다.

③ A~E국 중 고졸 시간제근로자의 수는 E국이 가장 많다.

④ 대졸 전일제근로자의 비중이 가장 높은 곳은 각 학력 시간제근로자의 비중이 30%를 넘지 않는다.

19. A국의 대졸인원이 15,000명이고, A국의 대졸 무직자의 수와 C국의 대졸 무직자의 수가 같을 때 C국의 대졸인원은 몇 명인가?

① 10,043명

② 9,643명

③ 9,472명

④ 9,356명

20. 다음은 식재료 관련 수입 현황이다. 식재료 수입 현황에서 중국산 구성비가 세 번째로 높은 것은?

(단위 : 톤)

구분	곡물류	채소류	과일류	생선류	육류
전체	64,456	62,484	97,456	21,464	26,440
중국산	62,454	60,564	83,213	15,446	25,950

① 곡물류

② 채소류

③ 과일류

④ 육류

21. 철수가 야간에 어둠 속에서 50m 떨어진 거리에서 태희에게 초록색과 파란색 손전등을 비추어 색상을 구분하는 실험을 해보았다. 야간에 초록색 파란색을 구분하는 능력에 관한 실험 결과인 다음 표를 보고 옳지 않은 것을 고르면? (색상을 확인한 횟수는 총 60회로, 40회는 초록색, 나머지 20회는 파란색이다.)

〈태희가 야간에 초록색과 파란색을 구분한 결과〉

(단위 : 회)

태희의 판정 실제 색깔	초록색	파란색	합
초록색	9	31	40
파란색	3	17	20
계	12	48	60

① 태희가 파란색으로 판정한 색이 파란색일 확률은 약 35%이다.

② 태희가 초록색으로 판정한 색이 실제 초록색이 맞을 확률은 75%다.

③ 태희가 색을 제대로 맞힐 확률은 그렇지 못할 확률보다 높다.

④ 실험결과 태희가 잘못 판정한 확률은 약 57%이다.

22. 다음은 우리나라 출판, 음악, 영화, 방송 산업의 수출현황을 나타낸 자료이다. 이에 대한 설명으로 옳지 않은 것은?

(단위 : 천달러)

국가 산업	중국	일본	인도	미국	합
출판	21,489	24,858	24,533	90,870	161,750
음악	1,665	9,431	2,061	306	13,463
영화	824	5,189	2,759	8,767	17,539
방송	7,328	68,494	26,594	1,324	103,740

① 출판산업의 수출액이 가장 큰 순서는 미국, 일본, 인도, 중국이다.
② 출판산업의 총 수출액에서 미국 수출액이 차지하는 비중은 50% 이하이다.
③ 음악산업과 방송산업 수출액의 합은 중국, 인도, 미국을 모두 합친 것보다 일본이 크다.
④ 미국의 영화산업의 수출액은 방송산업의 수출액의 6배 이상이다.

23. 다음 중 밑줄 친 단어와 유사한 의미를 지닌 단어는?

그는 <u>가멸찬</u> 집안에서 자랐다.

① 넉넉하다　　　② 초라하다
③ 너그럽다　　　④ 한적하다

24. 다음에 제시된 단어의 뜻으로 적절한 것은?

잡을손

① 무리하게 억지로 해내는 솜씨
② 일을 다잡아 해내는 솜씨
③ 무엇을 지어 놓은 솜씨나 그 모양새
④ 일 따위를 마무르는 모양새

25. 다음에 제시된 단어들을 통해 연상되는 것을 고르시오.

화랑, 원광, 사군이충

① 세속오계　　　② 삼강오륜
③ 명심보감　　　④ 훈요10조

26. 다음 중 밑줄 친 단어의 형태가 옳은 것은?

① 아이는 언덕이 <u>가파라서</u> 넘어오지 못했다.
② 흰옷은 몇 번 입지 못하고 <u>싯누렇게</u> 변해버렸다.
③ 아내는 하루종일 동치미를 <u>담겄다.</u>
④ 화살은 사과를 <u>맞추고</u> 과녁을 명중했다.

27. 다음 고사성어의 의미로 옳은 것은?

簞食瓢飮(단사표음)

① 한 가지 일에만 마음을 쏟음
② 지금까지 한 번도 있어 본 적이 없음
③ 반복하여 여러 번 말함
④ 청빈하고 소박한 생활을 함

28. 다음 중 단어의 형성 원리가 다른 것은?

① 군식구　　　　　② 돌다리
③ 헛웃음　　　　　④ 건어물

29. 다음 중 띄어쓰기가 옳지 않은 것은?

① 기준은 그대로 주저 앉아버렸다.
② 엄마는 나가면서까지도 잔소리를 해댔다.
③ "그래" 하고 말하는 목소리가 슬펐다.
④ 내 나름대로 한다고 한 것인데 그의 마음에 들지 않은 모양이다.

30. 다음 중 밑줄 친 단어의 발음이 옳지 않은 것은?

① 무릎과[무릅꽈] 무릎을 맞대고 이야기를 했다.
② 무엇에 홀렸는지 넋이[넉씨] 나갔다.
③ 차례[차례]대로 줄을 서야 한다.
④ 우리는 서로를 웃기기도[욷끼기도] 한다.

┃31~32┃ 다음에 제시된 9개의 단어 중 관련된 단어를 통해 유추할 수 있는 것을 고르시오.

31.

> 응급실, 한자, 의사, 신분증, 환자, 머리띠, 수영복, 해바라기, 달리기

① 병원
② 소방관
③ 고백
④ 사과

32.

> 거짓말, 걱정, 치마, 부케, 피로연, 트로피, 로션, 신부, 핸드폰

① 우승
② 엄마
③ 운동회
④ 결혼식

33. 다음 밑줄 친 단어와 같은 의미로 쓰인 것은?

> 충신이 반역죄를 쓰고 감옥에 갇혔다.

① 탈을 쓰고 탈춤을 춘다.
② 오늘 배운 데까지 공책에 두 번 써 오는 게 숙제다.
③ 그는 노래도 부르고 곡도 쓰는 가수 겸 작곡자이다.
④ 그는 억울하게 누명을 썼다.

34. 다음 글의 빈칸에 들어갈 내용으로 가장 알맞은 것은?

언젠가부터 우리 바다 속에 해파리나 불가사리와 같이 특정한 종들만이 크게 번창하고 있다는 우려의 말이 들린다. 한마디로 다양성이 크게 줄었다는 이야기다. 척박한 환경에서는 몇몇 특별한 종들만이 득세한다는 점에서 자연생태계와 우리 사회는 닮은 것 같다. 어떤 특정 집단이나 개인들에게 앞으로 어려워질 경제 상황은 새로운 기회가 될지도 모른다. 하지만 이는 ＿＿＿＿＿＿＿ 왜냐하면 자원과 에너지 측면에서 보더라도 이들 몇몇 집단들만 존재하는 세계에서는 이들이 쓰다 남은 물자와 이용하지 못한 에너지는 고스란히 버려질 수밖에 없고 따라서 효율성이 극히 낮기 때문이다.

① 사회 전체로 볼 때 그다지 바람직한 현상이 아니다.
② 자연생태계를 파괴하는 주된 원인이다.
③ 새로운 기회는 또 다른 발전을 불러올 수 있다.
④ 우리 사회의 큰 이익을 가져올 수 있는 기회이다.

35. 다음 글의 내용과 일치하는 것은?

극의 진행과 등장인물의 대사 및 감정 등을 관객에게 설명했던 변사가 등장한 것은 1900년대이다. 미국이나 유럽에서도 변사가 있었지만 그 역할은 미미했을 뿐더러 그마저도 자막과 반주 음악이 등장하면서 점차 소멸하였다. 하지만 주로 동양권, 특히 한국과 일본에서는 변사의 존재가 두드러졌다. 한국에서 변사가 본격적으로 등장한 것은 극장가가 형성된 1910년부터인데, 한국 최초의 변사는 우정식으로, 단성사를 운영하던 박승필이 내세운 인물이었다. 그 후 김덕경, 서상호, 김영환, 박응면, 성동호 등이 변사로 활약했으며 당시 영화 흥행의 성패를 좌우할 정도로 그 비중이 컸었다. 단성사, 우미관, 조선 극장 등의 극장은 대개 5명 정도의 변사를 전속으로 두었으며 2명 내지 3명이 교대로 무대에 올라 한 영화를 담당하였다. 4명 내지 8명의 변사가 한 무대에 등장하여 영화의 대사를 교환하는 일본과는 달리, 한국에서는 한 명의 변사가 영화를 설명하는 방식을 취하였으며, 영화가 점점 장편화되면서부터는 2명 내지 4명이 번갈아 무대에 등장하는 방식으로 바뀌었다. 변사는 악단의 행진곡을 신호로 무대에 등장하였으며, 소위 전설(前說)을 하였는데 전설이란 활동사진을 상영하기 전에 그 개요를 앞서 설명하는 것이었다. 전설이 끝나면 활동사진을 상영하고 해설을 시작하였다. 변사는 전설과 해설 이외에도 막간극을 공연하기도 했는데 당시 영화관에는 영사기가 대체로 한 대밖에 없었기 때문에 필름을 교체하는 시간을 이용하여 코믹한 내용을 공연하였다.

① 한국과는 달리 일본에서는 변사가 막간극을 공연했다.
② 한국에 극장가가 형성되기 시작한 것은 1900년경이었다.
③ 한국은 영화의 장편화로 무대에 서는 변사의 수가 늘어났다.
④ 자막과 반주 음악의 등장으로 변사의 중요성이 더욱 높아졌다.

第 2 회 충청남도교육청 교육공무직원 모의고사

|36~38| 다음 글을 읽고 물음에 답하시오.

공간 이용에서 네거티비즘이 문제시되어야 하는 또 한 가지 측면은 인간 사회 안에서 일어나는 문제이다. 하나의 공간을 어떤 특정한 목적을 위해 제한해 버린다는 것은 언제나 그 ㉠제한된 공간 밖에 있는 사람들에게 저항감을 느끼게 하거나 상대적인 빈곤감을 느끼게 할 수 있다. 대도시 안에 있는 ㉡빈민촌은 그 자체가 제한된 공간이라는 인상을 주지만, 사실상은 ㉢그 곳에 있는 사람들이 행동의 제한을 받는다. 그러한 특수 공간을 만든 사람은 그들이 아니라 그 공간 밖에 사는 사람들이기 때문이다. 그런 빈민촌에서 벗어나고 싶지만 ㉣바깥 공간이 제한되어 있기 때문에 못 나오는 사람들은 있으나, 바깥 공간에서 빈민촌으로 들어가고자 하는 사람은 없다는 사실이 중요하다. 그러므로 어떠한 공간 설계든 그것으로 인해서 그 공간에서 추방당하거나 제외되는 사람들이 있어야 하는 것이면 그것은 바람직하지 못한 것이라고 할 수 있다. 윤리적으로 공간 설계는 그 제한된 공간 안에 있는 사람들이나 그 공간 밖에 있는 사람들이 똑같이 그 설계의 결과로 혜택을 받을 수 있게 해야 한다. 이처럼 한 공간의 안과 밖이 다 같이 좋은 목적을 위해 이용될 수 있는 공간을 '(   )'이라고 한다면, 이 공간 개념은 하나의 건물 안에 있는 공간들이나 건물들 사이의 공간들, 또는 도시 공간 전체와 인간의 생활공간 전체를 계획하고 설계하는 데에도 적용이 되어야 할 것이다.

– 김수근, 「건축과 동양 정신」 –

36. 주어진 글의 성격으로 알맞은 것은?

① 상징적 ② 논리적
③ 서사적 ④ 관조적

37. ㉠~㉣ 중 공간의 의미가 다른 것은?

① ㉠ ② ㉡
③ ㉢ ④ ㉣

38. 주어진 글의 내용으로 보아 빈칸에 들어갈 말로 가장 알맞은 것은?

① 기분 공간 ② 통합 공간
③ 자연 공간 ④ 사유 공간

39. 다음 (   )안에 들어갈 접속어를 순서대로 나열한 것은?

검찰은 10년 전 발생한 이라나 씨 살인 사건의 범인을 추적하던 중 범인이 박을수라는 것을 밝혀내었다. 하지만 박을수는 7년 전 김갑수로 개명 신청하였다. (   ) 5년 전에 일본인으로 귀화하여 대한민국 국적을 잃었고 주민등록까지 말소되었다. (   ) 검찰은 김갑수를 10년 전 살인 사건의 피의자로 기소했다. 김갑수는 성형수술로 얼굴과 신체의 모습이 달라졌을 뿐만 아니라 지문이나 홍채 등 개인 신체정보로 활용되는 생체 조직을 다른 사람의 것으로 바꾸었다.

① 그러나, 그리고
② 예를 들어, 왜냐하면
③ 그리고, 또한
④ 또한, 하지만

9

40. 다음 글을 순서에 맞게 배열한 것은?

> ㉠ 지식인이 자기와 무관한 일에 끼어들려고 하는 사람이라는 지적은 옳다.
>
> ㉡ 사실 프랑스에서는 드레퓌스 사건이 일어났을 당시 '지식인' 아무개라고 하는 말이 부정적 의미와 함께 유행하기도 하였다.
>
> ㉢ 반(反)드레퓌스파의 입장에서 볼 때 드레퓌스 대위가 무죄석방되느냐, 유죄판결을 받느냐 하는 문제는 군사법정, 즉 국가가 관여할 문제였다.
>
> ㉣ 그런데 드레퓌스 옹호자들은 피의자의 결백을 확신한 나머지 '자기들의 권한 바깥에까지' 손을 뻗은 것이다.
>
> ㉤ 본래 지식인들은 지적 능력과 관계되는 일을 통해 어느 정도의 명성을 얻고, 이 명성을 '남용하여' 자기들의 영역을 벗어나 인간이라고 하는 보편적인 개념을 내세워 기존 권력을 비판하려고 드는 사람들을 의미하는 것 같다.

① ㉠㉡㉢㉣㉤
② ㉠㉢㉡㉤㉣
③ ㉡㉢㉣㉠㉤
④ ㉡㉣㉢㉤㉠

41. 제시된 도형을 화살표 방향으로 접은 후 구멍을 뚫은 다음 다시 펼쳤을 때의 그림을 고르시오.

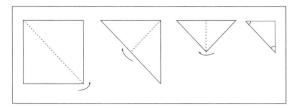

①

②

③

④

42. 다음 전개도를 접었을 때 나올 수 있는 도형의 형태로 알맞은 것은?

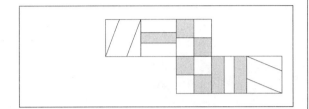

①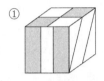

②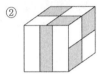

③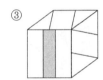

④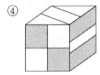

43. 다음 블록들을 화살표 표시한 방향에서 바라봤을 때의 모양으로 알맞은 것은?

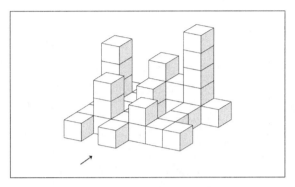

①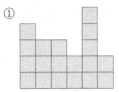

②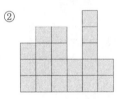

③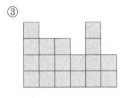

④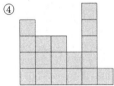

44. 다음 제시된 두 도형을 결합했을 때 만들 수 없는 형태를 고르시오.

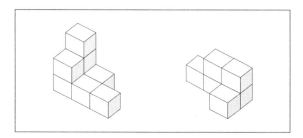

①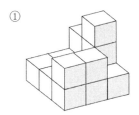

②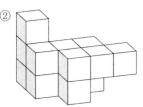

③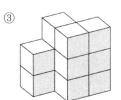

④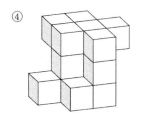

45. 다음 도형을 펼쳤을 때 나타날 수 있는 전개도를 고르시오.

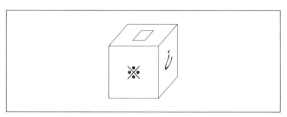

①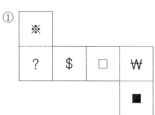

②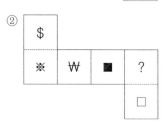

③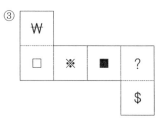

④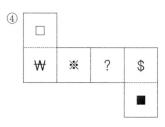

46. 다음 제시된 입체 중에서 나머지와 모양이 다른 하나를 고르시오.

①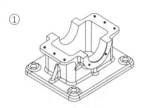

②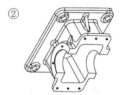

③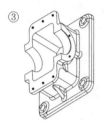

④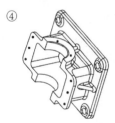

47. 다음 제시된 블록의 개수를 구하시오

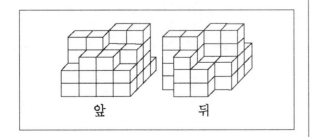

① 41개   ② 42개

③ 43개   ④ 44개

48. 다음의 제시된 도형을 조합하여 만들어진 것을 고르시오.

① 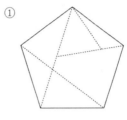   ②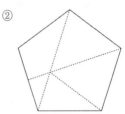

③ 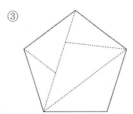   ④

49. 다음 아래 기호/문자 무리 중 '도랑'는 몇 번 제시되었나?

도로	도민	도호	도중	도도	도랑
도해	도편	도진	도보	도현	도가
도린	도하	도난	도참	도용	도기
도도	도담	도겸	도성	도모	도첨
도서	도가	도토	도정	도포	도서
도청	도쿄	도랑	도희	도담	도호

① 0   ② 1

③ 2   ④ 3

50. 아래의 기호/문자 중 '♍'는 몇 번 제시되었나?

✄	♊	☺	❄	✠	📄	♈	♒
📑	☯	♈	✡	♒	&	☸	❄
♍	♑	✋	♱	☦	⊠	✠	♑
&	♎	❖	✠	✄	❀	♑	♎
✈	♱	☾	☻	♏	❄	♍	☾
♒	⌘	☯	☻	♈	♑	◻	♌
♌	♍	&	✣	☦	⌘	❀	✋
✄	♒	♊	☺	❖	☯	☸	✈

① 1개   ② 2개
③ 3개   ④ 4개

✎ 인적성검사(200문항/40분)

|1~200| 다음 진술이 자신에게 적합하면 YES, 그렇지 않다면 NO를 선택하시오.

(인성검사는 응시자의 인성을 파악하기 위한 시험이므로 정답이 존재하지 않습니다.)

YES NO

1. 사람들이 붐비는 도시보다 한적한 시골이 좋다. ·· ( )( )

2. 전자기기를 잘 다루지 못하는 편이다. ··· ( )( )

3. 인생에 대해 깊이 생각해 본 적이 없다. ··· ( )( )

4. 혼자서 식당에 들어가는 것은 전혀 두려운 일이 아니다. ·································· ( )( )

5. 남녀 사이의 연애에서 중요한 것은 돈이다. ··· ( )( )

6. 걸음걸이가 빠른 편이다. ··· ( )( )

7. 육류보다 채소류를 더 좋아한다. ··· ( )( )

8. 소곤소곤 이야기하는 것을 보면 자기에 대해 험담하고 있는 것으로 생각된다. ·· ( )( )

9. 여럿이 어울리는 자리에서 이야기를 주도하는 편이다. ·································· ( )( )

10. 집에 머무는 시간보다 밖에서 활동하는 시간이 더 많은 편이다. ············· ( )( )

11. 무엇인가 창조해내는 작업을 좋아한다. ··· ( )( )

12. 자존심이 강하다고 생각한다. ··· ( )( )

13. 금방 흥분하는 성격이다. ··· ( )( )

14. 거짓말을 한 적이 많다. ··· ( )( )

15. 신경질적인 편이다. ··· ( )( )

16. 끙끙대며 고민하는 타입이다. ··· ( )( )

17. 자신이 맡은 일에 반드시 책임을 지는 편이다. ··· ( )( )

18. 누군가와 마주하는 것보다 통화로 이야기하는 것이 더 편하다. ··············· ( )( )

19. 운동신경이 뛰어난 편이다. ··· ( )( )

20. 생각나는 대로 말해버리는 편이다. ··· ( )( )

21. 싫어하는 사람이 없다. ··· ( )( )

22. 학창시절 국·영·수보다는 예체능 과목을 더 좋아했다. ······························· ( )( )

23. 쓸데없는 고생을 하는 일이 많다. ··· ( )( )

24. 자주 생각이 바뀌는 편이다. ··· ( )( )

	YES	NO
25. 갈등은 대화로 해결한다.	( )	( )
26. 내 방식대로 일을 한다.	( )	( )
27. 영화를 보고 운 적이 많다.	( )	( )
28. 어떤 것에 대해서도 화낸 적이 없다.	( )	( )
29. 좀처럼 아픈 적이 없다.	( )	( )
30. 자신은 도움이 안 되는 사람이라고 생각한다.	( )	( )
31. 어떤 일이든 쉽게 싫증을 내는 편이다.	( )	( )
32. 개성적인 사람이라고 생각한다.	( )	( )
33. 자기주장이 강한 편이다.	( )	( )
34. 뒤숭숭하다는 말을 들은 적이 있다.	( )	( )
35. 인터넷 사용이 아주 능숙하다.	( )	( )
36. 사람들과 관계 맺는 것을 보면 잘하지 못한다.	( )	( )
37. 사고방식이 독특하다.	( )	( )
38. 대중교통보다는 걷는 것을 더 선호한다.	( )	( )
39. 끈기가 있는 편이다.	( )	( )
40. 신중한 편이라고 생각한다.	( )	( )
41. 인생의 목표는 큰 것이 좋다.	( )	( )
42. 어떤 일이라도 바로 시작하는 타입이다.	( )	( )
43. 낯가림을 하는 편이다.	( )	( )
44. 생각하고 나서 행동하는 편이다.	( )	( )
45. 쉬는 날은 밖으로 나가는 경우가 많다.	( )	( )
46. 시작한 일은 반드시 완성시킨다.	( )	( )
47. 면밀한 계획을 세운 여행을 좋아한다.	( )	( )
48. 야망이 있는 편이라고 생각한다.	( )	( )
49. 활동력이 있는 편이다.	( )	( )
50. 많은 사람들과 왁자지껄하게 식사하는 것을 좋아하지 않는다.	( )	( )
51. 장기적인 계획을 세우는 것을 꺼려한다.	( )	( )

YES NO

52. 자기 일이 아닌 이상 무심한 편이다. ··· (   )(   )

53. 하나의 취미에 열중하는 타입이다. ··· (   )(   )

54. 스스로 모임에서 회장에 어울린다고 생각한다. ··· (   )(   )

55. 입신출세의 성공이야기를 좋아한다. ··· (   )(   )

56. 어떠한 일도 의욕을 가지고 임하는 편이다. ·· (   )(   )

57. 학급에서는 존재가 희미했다. ·· (   )(   )

58. 항상 무언가를 생각하고 있다. ··· (   )(   )

59. 스포츠는 보는 것보다 하는 게 좋다. ··· (   )(   )

60. 문제 상황을 바르게 인식하고 현실적이고 객관적으로 대처한다. ··················· (   )(   )

61. 흐린 날은 반드시 우산을 가지고 간다. ·· (   )(   )

62. 여러 명보다 1 : 1로 대화하는 것을 선호한다. ·· (   )(   )

63. 공격하는 타입이라고 생각한다. ··· (   )(   )

64. 리드를 받는 편이다. ··· (   )(   )

65. 너무 신중해서 기회를 놓친 적이 있다. ·· (   )(   )

66. 시원시원하게 움직이는 타입이다. ··· (   )(   )

67. 야근을 해서라도 업무를 끝낸다. ·· (   )(   )

68. 누군가를 방문할 때는 반드시 사전에 확인한다. ··· (   )(   )

69. 아무리 노력해도 결과가 따르지 않는다면 의미가 없다. ································ (   )(   )

70. 솔직하고 타인에 대해 개방적이다. ·· (   )(   )

71. 유행에 둔감하다고 생각한다. ··· (   )(   )

72. 정해진 대로 움직이는 것은 시시하다. ··· (   )(   )

73. 꿈을 계속 가지고 있고 싶다. ·· (   )(   )

74. 질서보다 자유를 중요시하는 편이다. ··· (   )(   )

75. 혼자서 취미에 몰두하는 것을 좋아한다. ·· (   )(   )

76. 직관적으로 판단하는 편이다. ··· (   )(   )

77. 영화나 드라마를 보며 등장인물의 감정에 이입된다. ····································· (   )(   )

78. 시대의 흐름에 역행해서라도 자신을 관철하고 싶다. ····································· (   )(   )

YES NO

79. 다른 사람의 소문에 관심이 없다. ·· (   )(   )

80. 창조적인 편이다. ·· (   )(   )

81. 비교적 눈물이 많은 편이다. ··· (   )(   )

82. 융통성이 있다고 생각한다. ··· (   )(   )

83. 친구의 휴대전화 번호를 잘 모른다. ·································· (   )(   )

84. 스스로 고안하는 것을 좋아한다. ······································ (   )(   )

85. 정이 두터운 사람으로 남고 싶다. ····································· (   )(   )

86. 새로 나온 전자제품의 사용방법을 익히는 데 오래 걸린다. ··· (   )(   )

87. 세상의 일에 별로 관심이 없다. ·· (   )(   )

88. 변화를 추구하는 편이다. ·· (   )(   )

89. 업무는 인간관계로 선택한다. ·· (   )(   )

90. 환경이 변하는 것에 구애되지 않는다. ······························· (   )(   )

91. 다른 사람들에게 첫인상이 좋다는 이야기를 자주 듣는다. ···· (   )(   )

92. 인생은 살 가치가 없다고 생각한다. ·································· (   )(   )

93. 의지가 약한 편이다. ·· (   )(   )

94. 다른 사람이 하는 일에 별로 관심이 없다. ························· (   )(   )

95. 자주 넘어지거나 다치는 편이다. ······································· (   )(   )

96. 심심한 것을 못 참는다. ··· (   )(   )

97. 다른 사람을 욕한 적이 한 번도 없다. ······························· (   )(   )

98. 몸이 아프더라도 병원에 잘 가지 않는 편이다. ··················· (   )(   )

99. 금방 낙심하는 편이다. ·· (   )(   )

100. 평소 말이 빠른 편이다. ·· (   )(   )

101. 어려운 일은 되도록 피하는 게 좋다. ································· (   )(   )

102. 다른 사람이 내 의견에 간섭하는 것이 싫다. ····················· (   )(   )

103. 낙천적인 편이다. ··· (   )(   )

104. 남을 돕다가 오해를 산 적이 있다. ··································· (   )(   )

105. 모든 일에 준비성이 철저한 편이다. ·································· (   )(   )

YES NO

106. 상냥하다는 말을 들은 적이 있다. ···································· ( )( )

107. 맑은 날보다 흐린 날을 더 좋아한다. ································ ( )( )

108. 많은 친구들을 만나는 것보다 단 둘이 만나는 것이 더 좋다. ···· ( )( )

109. 평소에 불평불만이 많은 편이다. ···································· ( )( )

110. 가끔 나도 모르게 엉뚱한 행동을 하는 때가 있다. ··············· ( )( )

111. 생리현상을 잘 참지 못하는 편이다. ································· ( )( )

112. 다른 사람을 기다리는 경우가 많다. ································· ( )( )

113. 술자리나 모임에 억지로 참여하는 경우가 많다. ················· ( )( )

114. 결혼과 연애는 별개라고 생각한다. ································· ( )( )

115. 노후에 대해 걱정이 될 때가 많다. ································· ( )( )

116. 잃어버린 물건은 쉽게 찾는 편이다. ································· ( )( )

117. 비교적 쉽게 감격하는 편이다. ······································ ( )( )

118. 어떤 것에 대해서는 불만을 가진 적이 없다. ····················· ( )( )

119. 걱정으로 밤에 못 잘 때가 많다. ···································· ( )( )

120. 자주 후회하는 편이다. ·· ( )( )

121. 쉽게 학습하지만 쉽게 잊어버린다. ································· ( )( )

122. 낮보다 밤에 일하는 것이 좋다. ···································· ( )( )

123. 많은 사람 앞에서도 긴장하지 않는다. ····························· ( )( )

124. 상대방에게 감정 표현을 하기가 어렵게 느껴진다. ··············· ( )( )

125. 인생을 포기하는 마음을 가진 적이 한 번도 없다. ··············· ( )( )

126. 규칙에 대해 드러나게 반발하기보다 속으로 반발한다. ··········· ( )( )

127. 자신의 언행에 대해 자주 반성한다. ································· ( )( )

128. 활동범위가 좁아 늘 가던 곳만 고집한다. ························· ( )( )

129. 나는 끈기가 다소 부족하다. ·· ( )( )

130. 좋다고 생각하더라도 좀 더 검토하고 나서 실행한다. ··········· ( )( )

131. 위대한 인물이 되고 싶다. ··· ( )( )

132. 한 번에 많은 일을 떠맡아도 힘들지 않다. ······················· ( )( )

YES NO

133. 사람과 약속은 부담스럽다. ··· ( )( )

134. 질문을 받으면 충분히 생각하고 나서 대답하는 편이다. ················· ( )( )

135. 머리를 쓰는 것보다 땀을 흘리는 일이 좋다. ······························· ( )( )

136. 결정한 것에는 철저히 구속받는다. ·· ( )( )

137. 아무리 바쁘더라도 자기관리를 위한 운동을 꼭 한다. ···················· ( )( )

138. 이왕 할 거라면 일등이 되고 싶다. ·· ( )( )

139. 과감하게 도전하는 타입이다. ··· ( )( )

140. 자신은 사교적이 아니라고 생각한다. ··· ( )( )

141. 무심코 도리에 대해서 말하고 싶어진다. ····································· ( )( )

142. 목소리가 큰 편이다. ··· ( )( )

143. 단념하기보다 실패하는 것이 낫다고 생각한다. ···························· ( )( )

144. 예상하지 못한 일은 하고 싶지 않다. ··· ( )( )

145. 파란만장하더라도 성공하는 인생을 살고 싶다. ···························· ( )( )

146. 활기찬 편이라고 생각한다. ·· ( )( )

147. 자신의 성격으로 고민한 적이 있다. ··· ( )( )

148. 무심코 사람들을 평가한다. ·· ( )( )

149. 때때로 성급하다고 생각한다. ··· ( )( )

150. 자신은 꾸준히 노력하는 타입이라고 생각한다. ···························· ( )( )

151. 터무니없는 생각이라도 메모한다. ·· ( )( )

152. 리더십이 있는 사람이 되고 싶다. ·· ( )( )

153. 열정적인 사람이라고 생각한다. ··· ( )( )

154. 다른 사람 앞에서 이야기를 하는 것이 조심스럽다. ······················ ( )( )

155. 세심하기보다 통찰력이 있는 편이다. ·· ( )( )

156. 엉덩이가 가벼운 편이다. ··· ( )( )

157. 여러 가지로 구애받는 것을 견디지 못한다. ································· ( )( )

158. 돌다리도 두들겨 보고 건너는 쪽이 좋다. ··································· ( )( )

159. 자신에게는 권력욕이 있다. ·· ( )( )

YES NO

160. 자신의 능력보다 과중한 업무를 할당받으면 기쁘다. ………………………………………… (　)(　)

161. 사색적인 사람이라고 생각한다. ………………………………………………………………… (　)(　)

162. 비교적 개혁적이다. ………………………………………………………………………………… (　)(　)

163. 좋고 싫음으로 정할 때가 많다. ………………………………………………………………… (　)(　)

164. 전통에 얽매인 습관은 버리는 것이 적절하다. ………………………………………………… (　)(　)

165. 교제 범위가 좁은 편이다. ………………………………………………………………………… (　)(　)

166. 발상의 전환을 할 수 있는 타입이라고 생각한다. …………………………………………… (　)(　)

167. 주관적인 판단으로 실수한 적이 있다. ………………………………………………………… (　)(　)

168. 현실적이고 실용적인 면을 추구한다. …………………………………………………………… (　)(　)

169. 타고난 능력에 의존하는 편이다. ………………………………………………………………… (　)(　)

170. 다른 사람을 의식하여 외모에 신경을 쓴다. …………………………………………………… (　)(　)

171. 마음이 담겨 있으면 선물은 아무 것이나 좋다. ……………………………………………… (　)(　)

172. 여행은 내 마음대로 하는 것이 좋다. …………………………………………………………… (　)(　)

173. 추상적인 일에 관심이 있는 편이다. ……………………………………………………………… (　)(　)

174. 큰일을 먼저 결정하고 세세한 일을 나중에 결정하는 편이다. …………………………… (　)(　)

175. 괴로워하는 사람을 보면 답답하다. ……………………………………………………………… (　)(　)

176. 자신의 가치기준을 알아주는 사람은 아무도 없다. ………………………………………… (　)(　)

177. 인간성이 없는 사람과는 함께 일할 수 없다. ………………………………………………… (　)(　)

178. 상상력이 풍부한 편이라고 생각한다. …………………………………………………………… (　)(　)

179. 의리, 인정이 두터운 상사를 만나고 싶다. …………………………………………………… (　)(　)

180. 인생은 앞날을 알 수 없어 재미있다. …………………………………………………………… (　)(　)

181. 조직에서 분위기 메이커다. ……………………………………………………………………… (　)(　)

182. 반성하는 시간에 차라리 실수를 만회할 방법을 구상한다. ………………………………… (　)(　)

183. 늘 하던 방식대로 일을 처리해야 마음이 편하다. …………………………………………… (　)(　)

184. 쉽게 이룰 수 있는 일에는 흥미를 느끼지 못한다. …………………………………………… (　)(　)

185. 좋다고 생각하면 바로 행동한다. ………………………………………………………………… (　)(　)

186. 후배들은 무섭게 가르쳐야 따라온다. …………………………………………………………… (　)(　)

YES NO

187. 한 번에 많은 일을 떠맡는 것이 부담스럽다. ·· (   )(   )

188. 능력 없는 상사라도 진급을 위해 아부할 수 있다. ·· (   )(   )

189. 질문을 받으면 그때의 느낌으로 대답하는 편이다. ·· (   )(   )

190. 땀을 흘리는 것보다 머리를 쓰는 일이 좋다. ·· (   )(   )

191. 단체 규칙에 그다지 구속받지 않는다. ·· (   )(   )

192. 물건을 자주 잃어버리는 편이다. ··· (   )(   )

193. 불만이 생기면 즉시 말해야 한다. ··· (   )(   )

194. 안전한 방법을 고르는 타입이다. ··· (   )(   )

195. 사교성이 많은 사람을 보면 부럽다. ··· (   )(   )

196. 성격이 급한 편이다. ·· (   )(   )

197. 갑자기 중요한 프로젝트가 생기면 혼자서라도 야근할 수 있다. ························ (   )(   )

198. 내 인생에 절대로 포기하는 경우는 없다. ··· (   )(   )

199. 예상하지 못한 일도 해보고 싶다. ··· (   )(   )

200. 평범하고 평온하게 행복한 인생을 살고 싶다. ·· (   )(   )

절 취 선

충청남도교육청
교육공무직원

성명

(자 필 성 명)

성

생 년 월 일

	① ② ③ ④		① ② ③ ④		① ② ③ ④
1	① ② ③ ④	21	① ② ③ ④	41	① ② ③ ④
2	① ② ③ ④	22	① ② ③ ④	42	① ② ③ ④
3	① ② ③ ④	23	① ② ③ ④	43	① ② ③ ④
4	① ② ③ ④	24	① ② ③ ④	44	① ② ③ ④
5	① ② ③ ④	25	① ② ③ ④	45	① ② ③ ④
6	① ② ③ ④	26	① ② ③ ④	46	① ② ③ ④
7	① ② ③ ④	27	① ② ③ ④	47	① ② ③ ④
8	① ② ③ ④	28	① ② ③ ④	48	① ② ③ ④
9	① ② ③ ④	29	① ② ③ ④	49	① ② ③ ④
10	① ② ③ ④	30	① ② ③ ④	50	① ② ③ ④
11	① ② ③ ④	31	① ② ③ ④		
12	① ② ③ ④	32	① ② ③ ④		
13	① ② ③ ④	33	① ② ③ ④		
14	① ② ③ ④	34	① ② ③ ④		
15	① ② ③ ④	35	① ② ③ ④		
16	① ② ③ ④	36	① ② ③ ④		
17	① ② ③ ④	37	① ② ③ ④		
18	① ② ③ ④	38	① ② ③ ④		
19	① ② ③ ④	39	① ② ③ ④		
20	① ② ③ ④	40	① ② ③ ④		

⓪ ① ② ③ ④ ⑤ ⑥ ⑦ ⑧ ⑨ (× 9 columns)

충청남도교육청 교육공무직원

제3회 기출동형 모의고사

영역	직무능력검사	인성검사
문항수	50문항	200문항
시간	50분	40분
비고	객관식 4지선다형	YES/NO형

각 문제에서 가장 적절한 답을 하나만 고르시오.

1. 단어의 상관관계를 파악하여 ( )안에 알맞은 단어를 고르시오.

영겁(永劫) : ( ) = 괄시(恝視) : ( )

① 천겁(千劫), 홀대(忽待)
② 찰나(刹那), 괄대(恝待)
③ 영원, 순간
④ 긴 세월, 반갑게 맞이함

2. 다음 중 단어의 관계가 다른 하나는?

① 생-사   ② 남-녀
③ 흑-백   ④ 눈-코

3. 다음 문제의 〈보기 1〉을 보고 〈보기 2〉에 제시된 문장의 참·거짓, 알 수 없음을 판단하면?

〈보기 1〉
• 甲은 乙과 만나는 날에 항상 강아지를 데려온다.
• 乙은 강아지 털 알레르기가 있다.
• 乙은 강아지를 만나면 알레르기 약을 먹는다.
• 乙은 오늘 알레르기 약을 먹지 않았다.

〈보기 2〉
乙은 오늘 甲을 만나지 않았다.

① 참
② 거짓
③ 알 수 없음

4. A회사의 건물에는 1층에서 4층 사이에 5개의 부서가 있다. 다음 조건에 일치하는 것은?

• 영업부와 기획부는 복사기를 같이 쓴다.
• 3층에는 경리부가 있다.
• 인사부는 홍보부의 바로 아래층에 있다.
• 홍보부는 영업부의 아래쪽에 있으며 2층의 복사기를 쓰고 있다.
• 경리부는 위층의 복사기를 쓰고 있다.

① 영업부는 기획부와 같은 층에 있다.
② 경리부는 4층의 복사기를 쓰고 있다.
③ 인사부는 2층의 복사기를 쓰고 있다.
④ 기획부는 4층에 있다.

5. 4명의 사원을 세계의 각 도시로 출장을 보내려고 한다. 도쿄에 가는 사람은 누구인가?

• 甲은 뉴욕과 파리를 선호한다.
• 乙은 도쿄와 파리를 싫어한다.
• 乙과 丁은 함께 가야한다.
• 丙과 丁은 뉴욕과 도쿄를 선호한다.
• 丙은 甲과 같은 도시에는 가지 않을 생각이다.

① 甲   ② 乙
③ 丙   ④ 丁

┃6~10┃ 다음 빈칸에 알맞은 것을 고르시오.

6.

9 15 18 29 36 43 72 57 ( )

① 123
② 131
③ 137
④ 144

7.

1 1 2 1 3 5 1 4 ( )

① 7   ② 8
③ 9   ④ 10

8.

B E K T F ( )

① I
② L
③ U
④ O

9.

$15*3=54$ $3*12=180$ $11*4=60$ $(6*8)*3=(\quad)$

① 345   ② 346
③ 347   ④ 348

10.

2 4 20   1 3 10   3 2 ( )   5 2 29

① 13   ② 14
③ 15   ④ 16

11. $x=18$일 때, $8\times6+3x$의 값은?

① 94   ② 98
③ 100   ④ 102

12. A, B 두 사람이 탁구 시합을 할 때, 총 다섯 세트 중 한 사람이 먼저 세 세트를 이기거나 연속하여 두 세트를 이기면 승리하기로 한다. 각 세트에서 A가 이길 확률은 $\frac{1}{3}$이고, B가 이길 확률은 $\frac{2}{3}$이다. 첫 세트에서 A가 이겼을 때, 이 시합에서 A가 승리할 확률은 $\frac{q}{p}$이다. $p+q$의 값을 구하시오. (단, p와 q는 서로소인 자연수이다.)

① 104
② 109
③ 115
④ 118

13. 14명의 직원이 점심 메뉴를 다음과 같이 하나씩 선택하였다.

돈까스	제육볶음	연어덮밥
3명	5명	6명

14명의 직원 중에서 임의로 뽑은 3명이 선택한 메뉴가 모두 같을 때, 그 메뉴가 돈까스이거나 연어덮밥일 확률은?

① $\dfrac{17}{31}$
② $\dfrac{15}{31}$
③ $\dfrac{13}{31}$
④ $\dfrac{11}{31}$

14. 甲이 농도가 20%인 설탕물에서 물 60g을 증발시켜 농도가 25%인 설탕물을 만든 후, 여기에 설탕을 더 넣어 40%의 설탕물을 만든다면 몇 g의 설탕을 넣어야 하겠는가?

① 50
② 60
③ 70
④ 80

15. 일의 자리의 숫자가 8인 두 자리의 자연수에서 십의 자리와 일의 자리의 숫자를 바꾸면 원래의 수의 2배보다 26만큼 크다. 이 자연수는?

① 28
② 38
③ 48
④ 58

16. 집에서 학교까지 거리는 170km이다. 차를 타고 집에서 출발하여 시속 80km로 가다가 속도를 높여 시속 100km로 가서 학교에 도착하였더니 총 2시간이 걸렸다. 시속 80km로 간 거리는?

① 100km
② 110km
③ 120km
④ 130km

17. 580,000원을 김씨, 이씨, 박씨 3사람에게 분배한다. 김씨와 이씨는 3 : 4, 박씨와 이씨는 2 : 3의 비율로 나눈다고 하면, 박씨의 몫은 얼마인가?

① 160,000원
② 150,000원
③ 140,000원
④ 120,000원

18. 다음은 각 기업별 전자제품 매출액에 관한 자료이다. 총매출액이 높은 순서대로 바르게 나열한 것은?

구분 기업	전자제품 매출액	전년 대비 증가율	총매출액	전자제품 매출액 비율
A	72.9	17.8	( )	81.0
B	62.4	29.7	( )	100.0
C	54.2	28.7	( )	63.2
D	32.1	14.2	( )	57.4

※ 전자제품 매출액 비율(%) = $\dfrac{\text{전자제품 매출액}}{\text{총 매출액}} \times 100$

① A → C → B → D
② A → B → C → D
③ C → A → D → B
④ C → B → A → D

19. 다음은 D시의 교육여건을 나타낸 자료이다. 이에 대한 설명 중 옳지 않은 것은?

D시의 교육여건 현황

교육여건＼학교급	전체 학교수	학교당 학급수	학급당 주간 수업시 수(시간)	학급당 학생수	학급당 교원수	교원당 학생수
초등학교	170	32	28	35	1.3	25
중학교	57	35	34	30	1.8	19
고등학교	55	34	35	32	2.1	15

① D시는 중학생과 고등학생의 수가 거의 비슷하다.
② D시의 모든 초등학생들이 한 달간 공부한 시간은 중학생들이 공부한 시간의 총합의 3배가 넘는다.
③ 고등학교의 교원당 주간 수업시수는 17시간 이하이다.
④ D시의 초등학교의 총학생수는 초, 중, 고등학교 전체 학생수의 약 61%다.

20. 각 부서에 표준 업무시간이 100시간인 업무를 할당하였다. 다음 중 업무효율이 가장 낮은 부서와 가장 높은 부서를 바르게 연결한 것은?

부서별 업무시간 분석결과

부서명	투입인원 (명)	개인별 업무시간 (시간)	회의 횟수(회)	회의 소요시간 (시간/회)
A	2	41	3	1
B	3	30	2	2
C	4	22	1	4
D	3	27	2	1

※ 1) 업무효율 = $\dfrac{\text{표준 업무시간}}{\text{총 투입시간}}$

2) 총 투입시간은 개인별 투입시간의 합임
   개인별 투입시간 = 개인별 업무시간 + 회의 소요시간
3) 부서원은 업무를 분담하여 동시에 수행할 수 있음
4) 투입된 인원의 개인별 업무능력과 인원당 소요시간이 동일하다고 가정함

① B부서 – D부서
② A부서 – C부서
③ C부서 – D부서
④ A부서 – D부서

21. 다음은 건강보험료의 연간 징수 내역이다. 다음 자료를 올바르게 해석하지 못한 것은 어느 것인가?

구분		2012년	2013년	2014년	2015년	2016년	2017년
보험료 (억 원)	전체	363,900	390,319	415,938	443,298	475,931	504,168
	직장	293,796	318,751	343,865	369,548	399,446	424,486
	지역	70,103	71,568	72,073	73,750	76,485	79,682
1인당 월 보험료(원)	전체	36,536	38,622	40,819	43,003	45,763	48,152
	직장	36,156	38,239	40,816	43,085	45,874	48,266
	지역	37,357	39,503	40,825	42,798	45,473	47,847

① 전체 보험료와 1인당 월 보험료는 모두 매년 증가하였다.
② 전체 보험료에서 직장가입자의 보험료가 차지하는 비중은 2016년보다 2017년이 더 크다.
③ 2012년 대비 2017년의 1인당 월 보험료 증가율은 직장가입자가 지역가입자보다 더 크다.
④ 지역가입자 수는 매년 증가하였다.

22. 다음은 건강행태 위험요인별 질병비용에 대한 표이다. 이에 대한 설명으로 옳지 않은 것은?

(단위 : 억원)

연도 위험요인	2019	2020	2021	2022
흡연	87	92	114	131
음주	73	77	98	124
과체중	65	72	90	117
운동부족	52	56	87	111
고혈압	51	62	84	101
영양부족	19	35	42	67
고콜레스테롤	12	25	39	64
계	359	419	554	715

① 2019~2022년의 연도별 질병비용에서 흡연의 질병 비용은 매년 가장 많은 비중을 차지한다.

② 2019~2022년 동안 모든 위험요인들의 질병비용은 계속적으로 증가하고 있다.

③ 2021년의 연도별 질병비용에서 '운동부족' 위험요인이 차지하는 비율은 15% 이상이다.

④ 2019~2022년의 연도별 질병비용에서 '음주' 위험요인이 차지하는 비율은 전년대비 매년 증가한다.

23. 다음에 제시된 단어와 비슷한 의미를 가진 단어는?

항간

① 세속
② 수긍
③ 원조
④ 언사

24. 다음에 제시된 단어와 상반된 의미를 가진 단어는?

영전

① 등진
② 승계
③ 좌천
④ 승양

25. 다음에 제시된 단어들을 통해 연상되는 것을 고르시오.

곽망풍, 된바람, 삭풍, 호풍

① 동풍(東風) ② 서풍(西風)
③ 남풍(南風) ④ 북풍(北風)

26. 다음 중 띄어쓰기가 옳지 않은 것은?

① 연희가 착한 것을 모르는 사람이 없다.
② 배가 불러도 먹을 수밖에 없었다.
③ 회사에 가는김에 엄마도 병원에 내려주었다.
④ 하늘이 흐린 게 비가 올성싶다.

27. 다음 중 밑줄 친 단어의 발음이 옳지 않은 것은?

① 오후까지 이 밭을[바츨] 다 갈아야 한다.
② 아직도 협의[혀비]할 문제가 남아있다.
③ 오늘은 하늘이 참 맑다[막따].
④ 머리말을[머리마를] 잘 읽어보세요.

28. 다음 설명에 해당하는 단어는?

> 긴장이나 화가 풀려 마음이 가라앉다.

① 삭다
② 곰삭다
③ 소화하다
④ 일다

29. 다음 밑줄 친 어휘가 옳지 않은 것은?

① 과녁을 <u>맞히기는</u> 어려웠다.
② 엄마는 설움에 <u>바쳐</u> 울음을 터뜨렸다.
③ 그는 도박으로 재산을 몽땅 <u>털어먹었다</u>.
④ 그들을 서로 빚진 것을 <u>비겨버렸다</u>.

30. 다음 속담의 뜻으로 알맞은 것은?

> 석새짚신에 구슬감기다.

① 본바탕이 나쁜데 분에 넘치게 치장하여 흉하다.
② 모든 것이 풍족하여 더 바랄 것이 없다.
③ 한 일에 전혀 성과가 없다.
④ 제가 저지른 일이 탄로 날까 두려워한다.

┃31～32┃ 다음에 제시된 9개의 단어 중 관련된 단어를 통해 유추할 수 있는 것을 고르시오.

31.

> 난쟁이, 숙제, 공책, 사과, 우유, 꽃다발, 거울, 한글, 독일

① 침대
② 발자국
③ 수학
④ 백설공주

32.

> 어깨, 뿌리, 자동차, 기류, 공, 날개, 고기, 먼지, 하늘

① 비행기
② 지하철
③ 버스
④ 병원

33. 다음 주어진 글을 흐름에 맞게 배열한 것은?

> ㉠ 나노기술이나 유전자조합기술을 기술이라 부를 수 있는 이유는 둘 다 고도의 지성의 산물인 현대과학이 그 안에 깊게 개입해 있기 때문이다.
> ㉡ 가령, 본능적으로 개미집을 만드는 개미의 재주 같은 것은 기술이 아니다.
> ㉢ 기술은 반드시 물질로 구현되는 것이어야 한다는 말은 맞지만 그렇게 구현되는 것들을 모두 기술이라고 부를 수는 없다.
> ㉣ 기술로 인정되려면 그 안에 지성이 개입해 있어야 한다.

① ㉠ → ㉣ → ㉡ → ㉢
② ㉡ → ㉢ → ㉣ → ㉠
③ ㉢ → ㉡ → ㉣ → ㉠
④ ㉢ → ㉠ → ㉣ → ㉡

34. 다음 지문의 내용으로 옳지 않은 것은?

> 옛 학자는 반드시 스승이 있었으니, 스승이라 하는 것은 도(道)를 전하고 학업(學業)을 주고 의혹을 풀어 주기 위한 것이다. 사람이 나면서부터 아는 것이 아닐진대 누가 능히 의혹이 없을 수 있으리오. 의혹하면서 스승을 따르지 않는다면 그 의혹된 것은 끝내 풀리지 않는다. 나보다 먼저 나서 그 도(道)를 듣기를 진실로 나보다 먼저라면 내 좇아서 이를 스승으로 할 것이요, 나보다 뒤에 났다 하더라도 그 도(道)를 듣기를 또한 나보다 먼저라고 하면 내 좇아서 이를 스승으로 할 것이다. 나는 도(道)를 스승으로 하거니, 어찌 그 나이의 나보다 먼저 나고 뒤에 남을 개의(介意)하랴! 이렇기 때문에 귀한 것도 없고 천한 것도 없으며, 나이 많은 것도 없고 적은 것도 없는 것이요, 도(道)가 있는 곳이 스승이 있는 곳이다.

① 스승이라 함은 본디 도를 전하고 의혹을 풀어주기 위한 것이다.
② 사람은 모두 의혹을 가지고 있다.
③ 나보다 먼저 난 사람이 스승이 될 수 있다.
④ 나의 의혹을 풀어주는 사람이 바로 스승이다.

┃35~37┃ 다음 글을 읽고 아래의 물음에 답하시오.

> 루소의 사상은 ㉠인간이 자연 상태에서는 선하고 자유롭고 행복했으나, 사회와 문명이 들어서면서 악해지고 자유를 상실하고 불행해졌다는 전제에서 출발한다. 그는 「에밀」의 첫머리에서 이렇게 말하고 있다.
> 이 세상 만물은 조물주의 손에서 나올 때는 선하지만, 인간의 손에 와서 타락한다. 인간은 어떤 땅에다 다른 땅에서 나는 산물을 재배하려 드는가 하면, 어떤 나무에 다른 나무의 열매를 열리게 하려고 애를 쓴다. 인간은 기후·환경·계절을 뒤섞어 놓기도 한다. 무엇 하나 자연이 만들어 놓은 상태 그대로 두지 않는다.
> 루소에 의하면, ㉡자연 상태에서 인간은 필요한 만큼의 욕구가 충족되면 그 이상 아무 것도 취하지 않았으며, 타인에게 해악을 끼치지도 않았다. 심지어 타인에게 도움을 주려는 본능적인 심성까지 지니고 있었다. 그러나 인지(認知)가 깨어나면서 인간의 욕망은 필요로 하는 것 이상으로 확대되었다. ㉢이 이기적인 욕망 때문에 사유 재산 제도가 형성되고, 그 결과 불평등한 사회가 등장하게 되었다. 즉, 이기적 욕망으로 인해 인간은 타락하게 되었고, 사회는 인간 사이의 대립과 갈등으로 가득 차게 되었다.
> 이러한 인간과 사회의 병폐에 대한 처방을 내리기 위해 쓰여진 것이 「에밀」로서, 그 처방은 한마디로 인간에게 잃어버린 자연을 되찾아 주는 것이다. 즉, 인간에게 자연 상태의 원초의 무구(無垢)함을 되돌려 주어, 선하고 자유롭고 행복하게 살 수 있는 사회를 만들게 하는 것이다. 루소는 이것이 교육을 통해서 가능하다고 보았다.
> 그 교육의 실체는 가공(架空)의 어린이 '에밀'이 루소가 기획한 교육 프로그램에 따라 이상적인 인간으로 성장해 가는 과정을 통해 엿볼 수 있다. 이 교육은 자연 상태의 인간이 본래의 천진무구함을 유지하면서 정신적·육체적으로 스스로를 도야해 가는 과정을 따르는 것을 원리로 삼는다. 그래서 지식은 실제 생활에 필요한 정도만 배우게 하고, 심신의 발달 과정에 따라 어린이가 직접 관찰하거나 자유롭게 능동적인 경험을 하도록 하는 것이다. 그럼으로써 자유로우면서도 정직과 미덕을 가진 도덕적 인간으로 성장해 나갈 수 있게 된다. 이것은 ⓐ_____ 상태의 인간을 중시하는 그의 인간관이 그대로 반영된 것이다.
> 루소의 자연으로 돌아가자는 주장은 공허한 외침으로 들리기도 한다. 루소가 말하는 자연으로 돌아가기에는 이미 인류의 역사가 너무 많이 진행되었기 때문이다. 그러나 ㉣인간이 본래 무구한 존재라고 본 그의 인간관과 인간 사이의 유대를 도모하고 평들을 실천할 수 있는 인간상을 추구했던 그의 이상은 인간을 탐욕의 노예로 몰고 가는 오늘날에 더욱 빛을 발한다.

35. 위 글의 밑줄 친 부분 중에서 작자의 생각이 가장 잘 드러난 부분은?

① ㉠　　　　　② ㉡

③ ㉢　　　　　④ ㉣

36. 이 글의 내용과 일치하지 않는 것은?

① 루소는 성선설(性善說)에 동의한다.

② 인지(認知)는 인간의 욕망이 필요 이상의 것을 추구하지 않도록 제어한다.

③ 루소는 '에밀'을 통해 자신이 이상적으로 생각하는 교육 프로그램을 보여준다.

④ 화자는 현실을 비판적으로 인식하며 루소의 사상을 긍정적으로 평가한다.

37. 위 글의 빈 칸 ⓐ에 들어갈 말로 가장 적합한 것은?

① 문명　　　　② 타락

③ 자유　　　　④ 자연

38. 다음 ( )안에 들어갈 접속어를 순서대로 나열한 것은?

> 고대 그리스의 원자론자 데모크리토스는 자연의 모든 변화를 원자들의 운동으로 설명했다. 모든 자연현상의 근거는, 원자들, 빈 공간 속에서의 원자들의 움직임, 그리고 그에 따른 원자들의 배열과 조합의 변화라는 것이다.
>
> ( ) 데카르트에 따르면 연장, 즉 퍼져있음이 공간의 본성을 구성한다. 그런데 연장은 물질만이 가지는 속성이기 때문에 물질 없는 연장은 불가능하다. ( ) 아무 물질도 없는 빈 공간이란 원리적으로 불가능하다. 데카르트에게 운동은 물속에서 헤엄치는 물고기의 움직임과 같다. 꽉 찬 물질 속에서 물질이 자리바꿈을 하는 것이다.

① 한편, 다시 말해

② 그런데, 또한

③ 하지만, 그러나

④ 왜냐하면, 다시 말해

39. 다음 글을 순서에 맞게 배열한 것은?

> ㉠ 그 이유 중 하나는 이글루가 단위 면적당 태양 에너지를 지면보다 많이 받기 때문이다.
>
> ㉡ 단파는 지구의 대기를 통과하지만, 복사파인 장파는 지구의 대기에 의해 흡수된다. 이 때문에 지구의 온도가 일정하게 유지된다.
>
> ㉢ 다른 이유로 일부 과학자들은 온실 효과를 든다.
>
> ㉣ 이글루 안은 밖보다 온도가 높다.
>
> ㉤ 이를 온실 효과라고 하는데, 온실 유리가 복사파를 차단하는 것과 같다는 데서 유래되었다.
>
> ㉥ 이것은 적도 지방이 극지방보다 태양 빛을 더 많이 받는 것과 같은 이치이다.
>
> ㉦ 지구에 들어오는 태양 복사 에너지의 대부분은 자외선, 가시광선 영역의 단파이지만, 지구가 열을 외부로 방출하는 복사 에너지는 적외선 영역의 장파이다.
>
> ㉧ 이글루도 내부에서 외부로 나가는 장파인 복사파가 얼음에 의해 차단되어 이글루 안이 따뜻한 것이다.

① ㉣㉠㉥㉦㉤㉧㉢㉧

② ㉣㉢㉦㉤㉧㉠㉥

③ ㉣㉥㉠㉤㉢㉧㉧

④ ㉣㉧㉧㉢㉦㉠㉤㉡

40. 다음 글의 빈칸에 들어갈 내용으로 가장 알맞은 것은?

> 한옥 살림집의 대표적 특성은, 북방에서 발전한 온돌 방과 남방에서 비롯된 마루 깐 대청이 한 건물 안에 함께 있다는 점이다. 폐쇄적인 온돌방과 개방적인 마루는 상반된 구조인데도 서로 개성을 존중하면서 공존한다는 점이 놀랍다.
>
> 한옥은 기단이 높다. 마당에 흙이나 돌을 여러 겹 쌓아 높게 만들고 그 위에 주춧돌을 놓아 집을 지었다. 땅의 습기를 줄여 쾌적하게 살 수 있게 한 것이다.
>
> 한옥은 처마가 깊다. 처마는 삶을 편하게 해 준다. 깊은 처마는 여름철에 태양이 높게 떴을 때 차양이 되 어 뙤약볕을 가린다. 그늘진 곳은 뙤약볕 받는 마당보 다 시원하다. 차고 더우면 대류가 생기고 바람이 인다.
>
> 또한 한옥은 쓸모 있게 지어졌을 뿐 아니라, 교육적 의미도 담고 있다. _____
>
> 새 시대의 한옥 살림집은 전통 한옥의 이런 점을 살 려 지어야 한다. 우리 땅, 우리 정서에 어울리면서 삶 을 행복하게 하는 집이 바로 진정한 한옥이다.

① 굴뚝을 집에서 멀리 떨어진 곳에 설치하였다. 집 안 으로 연기가 들어오지 않게 했던 것이다.

② 방과 방 사이를 드나드는 문은 미닫이로 하였다. 그 래서 이동하기 편하게 하고, 공간을 넓게 쓸 수 있도 록 했던 것이다.

③ 마루의 끝에는 나무로 만든 바라지창을 만든다. 더운 여름에는 이 창을 열어 바람을 통하게 하고, 다른 계 절에는 닫아 나무 벽처럼 보이게 한다.

④ 대들보에 홈을 파서, 집을 지은 사연과 후손들이 화 목하게 살기를 당부하는 글을 넣어 두었다. 후손들은 자연히 조상의 뜻을 받들어 살게 되는 것이다.

41. 제시된 도형을 화살표 방향으로 접은 후 구멍을 뚫은 다 음 다시 펼쳤을 때의 그림을 고르시오.

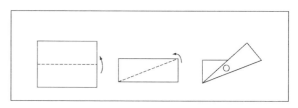

①

②

③

④

42. 다음 전개도를 접었을 때 나올 수 있는 도형의 형태로 알맞은 것은?

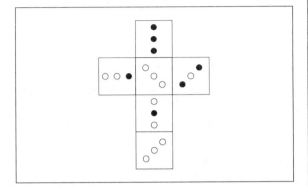

①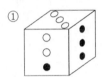

②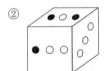

③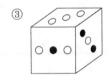

④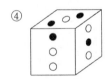

43. 다음 제시된 단면을 참고하여 해당하는 입체도형을 고르시오.

평면	정면	우측면

①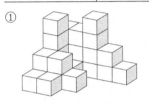

②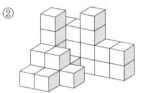

③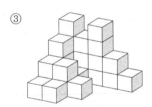

④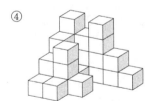

44. 다음 제시된 두 도형을 결합했을 때 만들 수 없는 형태를 고르시오.

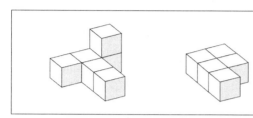

①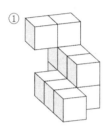

②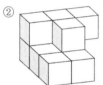

③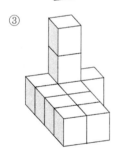

④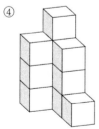

45. 다음 도형을 펼쳤을 때 나타날 수 있는 전개도를 고르시오.

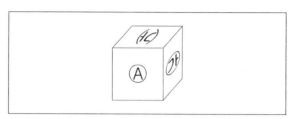

①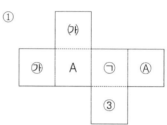

②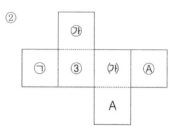

③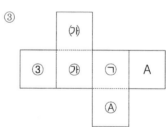

④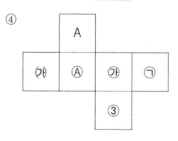

46. 다음 블록들을 화살표 표시한 방향에서 바라봤을 때의 모양으로 알맞은 것은?

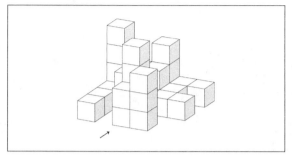

① 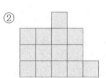 ②

③ 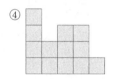 ④

47. 다음 제시된 블록의 개수를 구하시오

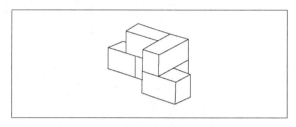

① 5개　　　　　② 6개

③ 7개　　　　　④ 8개

48. 다음 제시된 도형을 분리하였을 때 나올 수 없는 조각은?

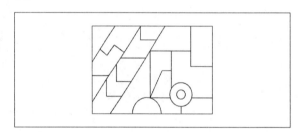

① 　　　　②

③ 　　　　④

49. 다음 아래 기호/문자 무리 중 '툐'는 몇 번 제시되었나?

야 튜 체 쥬 먀 태
졔 녀 래 벼 툐 혜
캬 쵸 레 며 쟤 툐
랴 셔 효 셰 래 뵤
녀 래 벼 내 며 채
뎨 태 료 벼 먀 냐

① 0
② 1
③ 2
④ 3

50. 아래의 기호/문자 중 'Q'는 몇 번 제시되었나?

A O X Z P D H
N C D S R F W
R Q F U E K S
W E Q X I S U
L X B K F R D
Q T O G R I O
B E V Z H K T

① 1개   ② 2개
③ 3개   ④ 4개

제3회 충남교육청 교육공무직원 모의고사

✏️ 인적성검사(200문항/40분)

❙1～200❙ 다음 진술이 자신에게 적합하면 YES, 그렇지 않다면 NO를 선택하시오.

(인성검사는 응시자의 인성을 파악하기 위한 시험이므로 정답이 존재하지 않습니다.)

YES NO

1. 조금이라도 나쁜 소식은 절망의 시작이라고 생각해버린다. ……………………………………………… ( )( )

2. 언제나 실패가 걱정이 되어 어쩔 줄 모른다. ……………………………………………………………… ( )( )

3. 다수결의 의견에 따르는 편이다. ……………………………………………………………………………… ( )( )

4. 혼자서 커피숍에 들어가는 것은 전혀 두려운 일이 아니다. ………………………………………………… ( )( )

5. 승부근성이 강하다. ……………………………………………………………………………………………… ( )( )

6. 자주 흥분해서 침착하지 못하다. ……………………………………………………………………………… ( )( )

7. 지금까지 살면서 타인에게 폐를 끼친 적이 없다. ………………………………………………………… ( )( )

8. 소곤소곤 이야기하는 것을 보면 자기에 대해 험담하고 있는 것으로 생각된다. ………………………… ( )( )

9. 무엇이든지 자기가 나쁘다고 생각하는 편이다. …………………………………………………………… ( )( )

10. 자신을 변덕스러운 사람이라고 생각한다. ………………………………………………………………… ( )( )

11. 고독을 즐기는 편이다. ……………………………………………………………………………………… ( )( )

12. 자존심이 강하다고 생각한다. ……………………………………………………………………………… ( )( )

13. 금방 흥분하는 성격이다. …………………………………………………………………………………… ( )( )

14. 거짓말을 한 적이 없다. ……………………………………………………………………………………… ( )( )

15. 신경질적인 편이다. …………………………………………………………………………………………… ( )( )

16. 끙끙대며 고민하는 타입이다. ……………………………………………………………………………… ( )( )

17. 감정적인 사람이라고 생각한다. …………………………………………………………………………… ( )( )

18. 자신만의 신념을 가지고 있다. ……………………………………………………………………………… ( )( )

19. 다른 사람을 바보 같다고 생각한 적이 있다. ……………………………………………………………… ( )( )

20. 금방 말해버리는 편이다. …………………………………………………………………………………… ( )( )

21. 싫어하는 사람이 없다. ……………………………………………………………………………………… ( )( )

22. 대재앙이 오지 않을까 항상 걱정을 한다. ………………………………………………………………… ( )( )

23. 쓸데없는 고생을 하는 일이 많다. ………………………………………………………………………… ( )( )

24. 자주 생각이 바뀌는 편이다. ………………………………………………………………………………… ( )( )

	YES	NO

25. 문제점을 해결하기 위해 여러 사람과 상의한다. .... ( )( )

26. 내 방식대로 일을 한다. .... ( )( )

27. 영화를 보고 운 적이 많다. .... ( )( )

28. 어떤 것에 대해서도 화낸 적이 없다. .... ( )( )

29. 사소한 충고에도 걱정을 한다. .... ( )( )

30. 자신은 도움이 안 되는 사람이라고 생각한다. .... ( )( )

31. 금방 싫증을 내는 편이다. .... ( )( )

32. 개성적인 사람이라고 생각한다. .... ( )( )

33. 자기주장이 강한 편이다. .... ( )( )

34. 뒤숭숭하다는 말을 들은 적이 있다. .... ( )( )

35. 학교를 쉬고 싶다고 생각한 적이 한 번도 없다. .... ( )( )

36. 사람들과 관계 맺는 것을 잘하지 못한다. .... ( )( )

37. 사려 깊은 편이다. .... ( )( )

38. 몸을 움직이는 것을 좋아한다. .... ( )( )

39. 끈기가 있는 편이다. .... ( )( )

40. 신중한 편이라고 생각한다. .... ( )( )

41. 인생의 목표는 큰 것이 좋다. .... ( )( )

42. 어떤 일이라도 바로 시작하는 타입이다. .... ( )( )

43. 낯가림을 하는 편이다. .... ( )( )

44. 생각하고 나서 행동하는 편이다. .... ( )( )

45. 쉬는 날은 밖으로 나가는 경우가 많다. .... ( )( )

46. 시작한 일은 반드시 완성시킨다. .... ( )( )

47. 면밀한 계획을 세운 여행을 좋아한다. .... ( )( )

48. 야망이 있는 편이라고 생각한다. .... ( )( )

49. 활동력이 있는 편이다. .... ( )( )

50. 많은 사람들과 왁자지껄하게 식사하는 것을 좋아하지 않는다. .... ( )( )

51. 돈을 허비한 적이 없다. .... ( )( )

YES NO

52. 어릴적에 운동회를 아주 좋아하고 기대했다. ································· ( )( )

53. 하나의 취미에 열중하는 타입이다. ································· ( )( )

54. 모임에서 리더에 어울린다고 생각한다. ································· ( )( )

55. 입신출세의 성공이야기를 좋아한다. ································· ( )( )

56. 어떠한 일도 의욕을 가지고 임하는 편이다. ································· ( )( )

57. 학급에서는 존재가 희미했다. ································· ( )( )

58. 항상 무언가를 생각하고 있다. ································· ( )( )

59. 스포츠는 보는 것보다 하는 게 좋다. ································· ( )( )

60. '참 잘했네요.'라는 말을 자주 듣는다. ································· ( )( )

61. 흐린 날은 반드시 우산을 가지고 간다. ································· ( )( )

62. 주연상을 받을 수 있는 배우를 좋아한다. ································· ( )( )

63. 공격하는 타입이라고 생각한다. ································· ( )( )

64. 리드를 받는 편이다. ································· ( )( )

65. 너무 신중해서 기회를 놓친 적이 있다. ································· ( )( )

66. 시원시원하게 움직이는 타입이다. ································· ( )( )

67. 야근을 해서라도 업무를 끝낸다. ································· ( )( )

68. 누군가를 방문할 때는 반드시 사전에 확인한다. ································· ( )( )

69. 노력해도 결과가 따르지 않으면 의미가 없다. ································· ( )( )

70. 무조건 행동해야 한다. ································· ( )( )

71. 유행에 둔감하다고 생각한다. ································· ( )( )

72. 정해진 대로 움직이는 것은 시시하다. ································· ( )( )

73. 꿈을 계속 가지고 있고 싶다. ································· ( )( )

74. 질서보다 자유를 중요시하는 편이다. ································· ( )( )

75. 혼자서 취미에 몰두하는 것을 좋아한다. ································· ( )( )

76. 직관적으로 판단하는 편이다. ································· ( )( )

77. 영화나 드라마를 보면 등장인물의 감정에 이입된다. ································· ( )( )

78. 시대의 흐름에 역행해서라도 자신을 관철하고 싶다. ································· ( )( )

	YES	NO
79. 다른 사람의 소문에 관심이 없다.	(	)
80. 창조적인 편이다.	(	)
81. 비교적 눈물이 많은 편이다.	(	)
82. 융통성이 있다고 생각한다.	(	)
83. 친구의 휴대전화 번호를 잘 모른다.	(	)
84. 스스로 고안하는 것을 좋아한다.	(	)
85. 정이 두터운 사람으로 남고 싶다.	(	)
86. 조직의 일원으로 별로 안 어울린다.	(	)
87. 세상의 일에 별로 관심이 없다.	(	)
88. 변화를 추구하는 편이다.	(	)
89. 업무는 인간관계로 선택한다.	(	)
90. 환경이 변하는 것에 구애되지 않는다.	(	)
91. 불안감이 강한 편이다.	(	)
92. 인생은 살 가치가 없다고 생각한다.	(	)
93. 의지가 약한 편이다.	(	)
94. 다른 사람이 하는 일에 별로 관심이 없다.	(	)
95. 사람을 설득시키는 것은 어렵지 않다.	(	)
96. 심심한 것을 못 참는다.	(	)
97. 다른 사람을 욕한 적이 한 번도 없다.	(	)
98. 다른 사람에게 어떻게 보일지 신경을 쓴다.	(	)
99. 금방 낙심하는 편이다.	(	)
100. 다른 사람에게 의존하는 경향이 있다.	(	)
101. 그다지 융통성이 있는 편이 아니다.	(	)
102. 다른 사람이 내 의견에 간섭하는 것이 싫다.	(	)
103. 낙천적인 편이다.	(	)
104. 숙제를 잊어버린 적이 한 번도 없다.	(	)
105. 밤길에는 발소리가 들리기만 해도 불안하다.	(	)

	YES	NO

106. 상냥하다는 말을 들은 적이 있다. ···································· ( )( )

107. 자신은 유치한 사람이다. ·· ( )( )

108. 잡담을 하는 것보다 책을 읽는 것이 낫다. ···················· ( )( )

109. 나는 영업에 적합한 타입이라고 생각한다. ···················· ( )( )

110. 술자리에서 술을 마시지 않아도 흥을 돋울 수 있다. ········· ( )( )

111. 한 번도 병원에 간 적이 없다. ···································· ( )( )

112. 나쁜 일은 걱정이 되어서 어쩔 줄을 모른다. ·················· ( )( )

113. 금세 무기력해지는 편이다. ·· ( )( )

114. 비교적 고분고분한 편이라고 생각한다. ························ ( )( )

115. 독자적으로 행동하는 편이다. ······································ ( )( )

116. 적극적으로 행동하는 편이다. ······································ ( )( )

117. 금방 감격하는 편이다. ·· ( )( )

118. 어떤 것에 대해서는 불만을 가진 적이 없다. ·················· ( )( )

119. 밤에 못 잘 때가 많다. ·· ( )( )

120. 자주 후회하는 편이다. ·· ( )( )

121. 뜨거워지기 쉽고 식기 쉽다. ······································ ( )( )

122. 자신만의 세계를 가지고 있다. ···································· ( )( )

123. 많은 사람 앞에서도 긴장하는 일은 없다. ······················ ( )( )

124. 말하는 것을 아주 좋아한다. ······································ ( )( )

125. 인생을 포기하는 마음을 가진 적이 한 번도 없다. ············· ( )( )

126. 어두운 성격이다. ·· ( )( )

127. 금방 반성한다. ·· ( )( )

128. 활동범위가 넓은 편이다. ·· ( )( )

129. 자신을 끈기 있는 사람이라고 생각한다. ······················ ( )( )

130. 좋다고 생각하더라도 좀 더 검토하고 나서 실행한다. ········· ( )( )

131. 위대한 인물이 되고 싶다. ·· ( )( )

132. 한 번에 많은 일을 떠맡아도 힘들지 않다. ····················· ( )( )

YES　NO

133. 사람과 만날 약속은 부담스럽다. ·· (　)(　)

134. 질문을 받으면 충분히 생각하고 나서 대답하는 편이다. ···················· (　)(　)

135. 머리를 쓰는 것보다 땀을 흘리는 일이 좋다. ···································· (　)(　)

136. 결정한 것에는 철저히 구속받는다. ·· (　)(　)

137. 외출 시 문을 잠갔는지 몇 번을 확인한다. ···································· (　)(　)

138. 이왕 할 거라면 일등이 되고 싶다. ·· (　)(　)

139. 과감하게 도전하는 타입이다. ·· (　)(　)

140. 자신은 사교적이 아니라고 생각한다. ·· (　)(　)

141. 무심코 도리에 대해서 말하고 싶어진다. ·· (　)(　)

142. '항상 건강하네요.'라는 말을 듣는다. ·· (　)(　)

143. 단념하면 끝이라고 생각한다. ·· (　)(　)

144. 예상하지 못한 일은 하고 싶지 않다. ·· (　)(　)

145. 파란만장하더라도 성공하는 인생을 걷고 싶다. ······························ (　)(　)

146. 활기찬 편이라고 생각한다. ·· (　)(　)

147. 소극적인 편이라고 생각한다. ·· (　)(　)

148. 무심코 평론가가 되어 버린다. ·· (　)(　)

149. 자신은 성급하다고 생각한다. ·· (　)(　)

150. 꾸준히 노력하는 타입이라고 생각한다. ·· (　)(　)

151. 내일의 계획이라도 메모한다. ·· (　)(　)

152. 리더십이 있는 사람이 되고 싶다. ·· (　)(　)

153. 열정적인 사람이라고 생각한다. ·· (　)(　)

154. 다른 사람 앞에서 이야기를 잘 하지 못한다. ·································· (　)(　)

155. 통찰력이 있는 편이다. ·· (　)(　)

156. 엉덩이가 가벼운 편이다. ·· (　)(　)

157. 여러 가지로 구애됨이 있다. ·· (　)(　)

158. 돌다리도 두들겨 보고 건너는 쪽이 좋다. ······································ (　)(　)

159. 자신에게는 권력욕이 있다. ·· (　)(　)

YES NO

160. 업무를 할당받으면 기쁘다. ··· (　)(　)

161. 사색적인 사람이라고 생각한다. ··· (　)(　)

162. 비교적 개혁적이다. ··· (　)(　)

163. 좋고 싫음으로 정할 때가 많다. ··· (　)(　)

164. 전통에 구애되는 것은 버리는 것이 적절하다. ·································· (　)(　)

165. 교제 범위가 좁은 편이다. ··· (　)(　)

166. 발상의 전환을 할 수 있는 타입이라고 생각한다. ····························· (　)(　)

167. 너무 주관적이어서 실패한다. ·· (　)(　)

168. 현실적이고 실용적인 면을 추구한다. ·· (　)(　)

169. 내가 어떤 배우의 팬인지 아무도 모른다. ······································· (　)(　)

170. 현실보다 가능성이다. ·· (　)(　)

171. 마음이 담겨 있으면 선물은 아무 것이나 좋다. ································· (　)(　)

172. 여행은 마음대로 하는 것이 좋다. ·· (　)(　)

173. 추상적인 일에 관심이 있는 편이다. ··· (　)(　)

174. 일은 대담히 하는 편이다. ··· (　)(　)

175. 괴로워하는 사람을 보면 우선 동정한다. ·· (　)(　)

176. 가치기준은 자신의 안에 있다고 생각한다. ······································ (　)(　)

177. 조용하고 조심스러운 편이다. ·· (　)(　)

178. 상상력이 풍부한 편이라고 생각한다. ·· (　)(　)

179. 의리, 인정이 두터운 상사를 만나고 싶다. ······································ (　)(　)

180. 인생의 앞날을 알 수 없어 재미있다. ·· (　)(　)

181. 밝은 성격이다. ··· (　)(　)

182. 별로 반성하지 않는다. ··· (　)(　)

183. 활동범위가 좁은 편이다. ·· (　)(　)

184. 자신을 시원시원한 사람이라고 생각한다. ······································· (　)(　)

185. 좋다고 생각하면 바로 행동한다. ··· (　)(　)

186. 좋은 사람이 되고 싶다. ·· (　)(　)

YES NO

187. 한 번에 많은 일을 떠맡는 것은 골칫거리라고 생각한다. ······················ ( )( )

188. 사람과 만날 약속은 즐겁다. ·· ( )( )

189. 질문을 받으면 그때의 느낌으로 대답하는 편이다. ···························· ( )( )

190. 땀을 흘리는 것보다 머리를 쓰는 일이 좋다. ································· ( )( )

191. 결정한 것이라도 그다지 구속받지 않는다. ··································· ( )( )

192. 외출 시 문을 잠갔는지 별로 확인하지 않는다. ····························· ( )( )

193. 지위에 어울리면 된다. ··· ( )( )

194. 안전책을 고르는 타입이다. ·· ( )( )

195. 자신은 사교적이라고 생각한다. ·· ( )( )

196. 도리는 상관없다. ··· ( )( )

197. '침착하시네요.'라는 말을 자주 듣는다. ··· ( )( )

198. 단념이 중요하다고 생각한다. ·· ( )( )

199. 예상하지 못한 일도 해보고 싶다. ·· ( )( )

200. 평범하고 평온하게 행복한 인생을 살고 싶다. ································· ( )( )

충청남도교육청
교육공무직원

성 명

(자 필 성 명)

생 년 월 일

⓪	⓪	⓪	⓪	⓪	⓪	⓪	⓪	⓪
①	①	①	①	①	①	①	①	①
②	②	②	②	②	②	②	②	②
③	③	③	③	③	③	③	③	③
④	④	④	④	④	④	④	④	④
⑤	⑤	⑤	⑤	⑤	⑤	⑤	⑤	⑤
⑥	⑥	⑥	⑥	⑥	⑥	⑥	⑥	⑥
⑦	⑦	⑦	⑦	⑦	⑦	⑦	⑦	⑦
⑧	⑧	⑧	⑧	⑧	⑧	⑧	⑧	⑧
⑨	⑨	⑨	⑨	⑨	⑨	⑨	⑨	⑨

번호	답				번호	답				번호	답			
1	①	②	③	④	21	①	②	③	④	41	①	②	③	④
2	①	②	③	④	22	①	②	③	④	42	①	②	③	④
3	①	②	③	④	23	①	②	③	④	43	①	②	③	④
4	①	②	③	④	24	①	②	③	④	44	①	②	③	④
5	①	②	③	④	25	①	②	③	④	45	①	②	③	④
6	①	②	③	④	26	①	②	③	④	46	①	②	③	④
7	①	②	③	④	27	①	②	③	④	47	①	②	③	④
8	①	②	③	④	28	①	②	③	④	48	①	②	③	④
9	①	②	③	④	29	①	②	③	④	49	①	②	③	④
10	①	②	③	④	30	①	②	③	④	50	①	②	③	④
11	①	②	③	④	31	①	②	③	④					
12	①	②	③	④	32	①	②	③	④					
13	①	②	③	④	33	①	②	③	④					
14	①	②	③	④	34	①	②	③	④					
15	①	②	③	④	35	①	②	③	④					
16	①	②	③	④	36	①	②	③	④					
17	①	②	③	④	37	①	②	③	④					
18	①	②	③	④	38	①	②	③	④					
19	①	②	③	④	39	①	②	③	④					
20	①	②	③	④	40	①	②	③	④					

충청남도교육청
교육공무직원
기출동형 모의고사

- 정답 및 해설 -

1	②	2	③	3	①	4	③	5	③
6	①	7	②	8	③	9	③	10	①
11	①	12	③	13	③	14	④	15	③
16	④	17	①	18	③	19	②	20	④
21	③	22	②	23	①	24	③	25	①
26	④	27	①	28	①	29	④	30	③
31	①	32	③	33	①	34	①	35	③
36	③	37	③	38	④	39	②	40	①
41	①	42	①	43	④	44	④	45	④
46	②	47	①	48	①	49	④	50	④

1 | ②

칫솔은 세면도구에 해당하고, 순대는 분식에 해당한다.

2 | ③

③ 減少(감소)의 반의어는 增加(증가)이다.
①②④ 반의어 관계

3 | ①

甲은 오늘 지하철은 타지 않았으므로 A식품으로 강연을 가지 않았으며, 노란 구두를 신지 않았다.

4 | ③

마지막 단서에서부터 시작해서 추론하면 된다.
직원 A는 자녀가 있으며 이직경력이 있는 사원이다. 따라서 이직경력이 있기 때문에 ㉣에 의해 A는 우수에 속한 사원이 아니다. 또 자녀가 있으며 우수에 속하지 않았기 때문에 ㉢에 의해 35세 미만인 것을 알 수 있다. 35세 미만이기 때문에 ㉡에 의해 최우수에 속하지도 않고, 이 결과 A는 보통에 해당함을 알 수 있다. ㉤에 의해 대출을 받고 있으며, 무주택 사원이 아님을 알 수 있다.
∴ A는 35세 미만이고 주택을 소유하고 있다.

5 | ③

파란상자와 분홍상자는 크기가 같으므로 파란상자보다 더 큰 노란상자는 분홍상자에 들어가지 않는다.

6 | ①

주어진 수열은 세 번째 항부터 앞의 두 항을 더한 값이 다음의 항이 되는 규칙을 가지고 있다. 따라서 빈칸에 들어갈 수는 $64+105=169$이다.

7 | ②

$+2$, $\times 2$가 번갈아가며 반복된다. 따라서 빈칸에 들어갈 수는 $36+2=38$이다.

8 | ③

주어진 수열은 첫 번째 수부터 $\times 3$과 $+13$이 반복적으로 수행되고 있다. 따라서 빈칸은 $237+13=250$

9 | ③

두 수를 곱한 후 뒤의 숫자를 뺀 후 처음 숫자를 더하는 규칙을 가지고 있다.

그러므로 $7*11=(7\times11)-11+7=73$, $73*3=(73\times3)-3+73=289$

10 | ①

규칙성을 찾으면 2 5 10 7 16에서 첫 번째 수와 두 번째 수를 곱하면 세 번째 수가 나오고 세 번째 수와 네 번째 수를 더한 후 1을 빼면 다섯 번째 수가 된다.

∴ ( ) 안에 들어갈 수는 10이다.

11 | ①

$9\times14+26=152$

12 | ③

주사위를 던져서 3의 배수의 눈이 나오는 경우 즉 시계 방향으로 주사위를 주는 경우를 a, 주사위를 던져서 3의 배수가 아닌 눈이 나오는 경우 즉 시계 반대 방향으로 주사위를 주는 경우를 b라 하자.

5번 주사위를 던진 후에 B가 주사위를 가지려면 a가 3번, b가 2번 나오거나 b가 5번 나오는 경우이므로 구하는 확률은,

$_5C_3\left(\dfrac{1}{3}\right)^3\left(\dfrac{2}{3}\right)^2+\left(\dfrac{2}{3}\right)^5=\dfrac{8}{27}$이다.

13 | ③

농구공과 축구공을 모두 가지고 있는 학생은
$8+9-15=2$(명)이다.

따라서 농구공은 가지고 있고 축구공은 가지고 있지 않은 학생은 $8-2=6$(명)이다.

14 | ④

B의 나이를 x, C의 나이를 y라 놓으면
A의 나이는 $x+12$, $2y-4$가 되는데 B와 C는 동갑이므로 $x=y$이다.

$x+12=2x-4$

$x=16$

A의 나이는 $16+12=28$살이 된다.

15 | ③

조건에 맞추어 시간을 계산해 보면

전 ——————————————————— 후
8시 56분 8시 59분 9시 3분   정확한 시간
   A   B   C
8시 59분 9시 5분 9시 4분   각자의 시계 시간

만약 B의 시계가 9시 4분일 경우 실제 시간은 8시 58분, B의 실제 도착 시간은 C의 실제 도착 시간보다 5분 빠르다 하였으므로 8시 58분에 5분을 더하면 실제 C가 온 시간은 9시 3분이 된다.

∴ 맞는 것은 ③이 된다.

16 | ④

강 과장이 하루에 처리 할 수 있는 일의 양은 $\dfrac{1}{15}$, 오 사원이 하루에 처리할 수 있는 일의 양은 $\dfrac{1}{24}$이다. 강 과장이 5일 동안 일을 했으므로 오 사원은 x일 동안 남은 일을 처리한다면 다음과 같이 식을 세울 수 있다.

$\dfrac{5}{15}+\dfrac{x}{24}=1$, $x=16$이므로 일을 마치는 데 소요된 총 일수는 $5+16=21$일이다.

17 | ①

직원의 수를 x라고 하면 $4x+5=6x-3$, $x=4$이다. 사탕의 수는 $4\times4+5=21$개이다.

18 | ③

농어촌버스의 2015년 대비 2019년의 종사자수 증감률 $(74,427-66,191) \div 66,191 \times 100 = 12.4\%$로 10% 이상이다.

② 시외고속버스의 업체당 종사자 수는 '종사자수÷업체수'로 구할 수 있다.

따라서 2019년에는 4,191÷8=524, 2015년에는 5,944÷10=594로 2015년에 비해 2019년에 감소하였다.

④ 농어촌버스의 업체당 보유대수는 2016년부터 88.6 → 91.4 → 91.5 → 93.5로 매년 증가하였다.

19 | ②

㉠ 수입 금액 : $7,800 \times 200 \times 118.16 = 184,329,600$(원)

㉡ 수출 금액 : $6,400 \times 2,000 \times 8.54 = 109,312,000$(원)

∴ ㉠－㉡＝75,017,600(원)

20 | ④

$$\frac{9.12-8.30}{8.30} \times 100$$

$$= \frac{0.82}{8.30} \times 100$$

∴ 9.87(%)

21 | ③

출시 건수가 가장 많은 회사는 B사, 세 번째로 많은 회사는 C사이다.

B사의 2018년 대비 2019년의 증감률은

$$\frac{118-121}{121} \times 100 = -2.48\%$$

C사의 2018년 대비 2019년의 증감률은

$$\frac{80-61}{61} \times 100 = 31.15\%$$

22 | ②

윗몸일으키기에서 3점을 받은 학생은 모두 16명이다. 이 중 팔굽혀펴기에서 4점을 받은 학생은 4명이므로, $\frac{4}{16} \times 100 = 25$(%)의 확률이 있다.

23 | ①

경망(輕妄)하다 … 말이나 행동이 경솔하고 방정맞다.

① 오감스럽다 : 말과 행동이 괴벽하여, 경망스러운 데가 있다.

24 | ③

수더분하다 … 성질이 까다롭지 아니하여 순하고 무던하다.

③ 까다롭다 : 성미나 취향 따위가 원만하지 않고 별스럽게 까탈이 많다.

① 강건하다 : 의지나 기상이 굳세고 건전하다.

② 듬직하다 : 사람됨이 믿음성 있게 묵직하다.

④ 깔끔하다 : 생김새 따위가 매끈하고 깨끗하다.

25 | ①

① 뼘, 발, 길, 자, 마장은 모두 길이에 관한 표현이다.

26 | ④

④ 벌리다 : '손을 벌리다'는 '손을 내밀다'와 같은 뜻으로 쓰는 관용구로 '무엇을 달라고 요구하거나 구걸하다.'의 의미다.

① 무졸임 → 무조림

② 인삿말 → 인사말

③ 있다가 → 이따가

27 | ①

막일 → 'ㄴ'첨가 : [막닐] → 비음화 :[망닐]

28 | ①

'커녕'은 조사이므로 붙여 쓴다.
① 사과는 커녕 → 사과는커녕

29 | ④

④ 이르다 … 어떤 장소나 시간에 닿다.
①②③ 이르다 : 대중이나 기준을 잡은 때보다 앞서거나 빠르다.

30 | ③

③에서 깨다는 '일이나 상태 따위를 중간에서 어그러뜨리다'는 뜻을 가지고 있다.

31 | ①

갤럭시, 어플, 아이폰을 통해 스마트폰을 유추할 수 있다.

32 | ③

단풍, 고추잠자리, 추수를 통해 가을을 연상할 수 있다.

33 | ①

주어진 글에서 甲은 한국 시리즈에 출전한 팀이 어디인지를 묻고 있는데 乙은 甲의 질문과 상관없는 답을 하고 있다.

34 | ①

첫 문장에서 지구 온도가 상승하고 있다고 했고, 그 다음 문장에서 한 번 더 강조하고 있으므로 첫 번째 괄호에는 '다시 말해서'가 적합하고, 두 번째 괄호에는 '~일지라도'와 어울리는 '비록'이 들어가야 한다.

35 | ③

고든 무어는 반도체의 발전 주기를 주장한 사람이다.

36 | ③

③ 어떤 일의 형편이나 결과
① 수를 세는 일
② 어떻게 하겠다는 생각
④ 미루어 가정함

37 | ③

지문의 중심내용은 기존 시장 포화의 대안으로 내놓은 vip 마케팅으로 인해 오히려 어려움을 겪고 있다는 것이다. 자승자박(自繩自縛)은 스스로 만든 줄로 제 몸을 묶는다는 뜻으로, 자신이 한 행동과 말에 구속되어 어려움을 겪는 것을 말한다.
① 견강부회(牽強附會) : 되지도 않는 말 또는 주장을 억지로 자신의 조건이나 주장에 맞도록 하는 것
② 비육지탄(髀肉之嘆) : 보람 있는 일을 하지 못한 채 세월만 헛되이 보내는 것을 한탄하는 것
④ 화이부동(和而不同) : 주위와 조화를 이루며 지내기는 하나 부화뇌동이나 편향된 행동 등을 하지 않으며 같아지지 않는 것

38 | ④

과거로부터 현재의 이산화탄소 농도 변화 과정을 객관적 수치를 통해 제시하며(②) 통시적으로 전개하고 있다(①). 또한 온실 효과로 인해 발생할 수 있는 여러 문제들을 구체적 사례를 들어 심각성을 부각하고 있다(③). 그러나 물음과 대답의 형식으로 독자의 관심을 유도하고 있는 것은 아니다.

39 | ②

ⓒ 어떤 연구자의 원리 검증을 위한 실험 도입 → ㉠ 실험조건의 전개 → ㉣ 실험 조건의 구체화 → ⓛ 조건의 예시 → ㉤ 그 밖의 실험조건의 전개

40 | ①

빈칸의 앞 문장에서 그 당시 연주자들은 자신의 생각이나 주관을 드러내는 것이 아니라 작곡가가 작품 속에 담은 감정을 정확하게 전달하는 역할을 하였다고 되어있으므로 연주란 악보를 객관적으로 표현하는 작업을 의미한다.

41 | ①

42 | ①

43 | ④

삼면이 일치하는 도형은 ④이다.

44 | ④

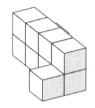

45 | ④

46 | ②

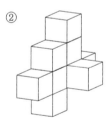

47 | ①

바닥면부터 블록의 개수를 세어 보면, 15+8+6+3= 32개이다.

48 | ①

제시된 도형을 조합하면 ①번과 같은 도형이 만들어진다.

49 | ④

모기 민지 너리 멀티 메리 매일 무림 먹이 <u>머리</u>
먼지 <u>머리</u> 미리 무림 먹이 머기 머로 무리 나리
매리 머루 내일 먹튀 모래 모기 먼지 머루 <u>머리</u>
맨뒤 노리 무리 메루 머지 먼뒤 메일 내림 메리
먹튀 모기 머루 나비 먼지 <u>머리</u> 머루 먹이 멀티
무림 먼뒤 미지 만두 매리 무리 메로 미리 무기
<u>머리</u> 나루 모래 멀티 민지 모리 먼기 미지 모기
메일 나림 무리 메로 민티 먼쥐 미리 메리 멀리

50 | ④

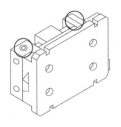

1	①	2	④	3	②	4	②	5	④
6	②	7	④	8	④	9	③	10	③
11	③	12	①	13	②	14	②	15	④
16	③	17	①	18	③	19	②	20	①
21	③	22	②	23	①	24	②	25	①
26	②	27	④	28	②	29	①	30	③
31	①	32	④	33	④	34	①	35	③
36	②	37	④	38	②	39	④	40	①
41	③	42	④	43	④	44	③	45	②
46	④	47	①	48	④	49	③	50	③

1 | ①

주어진 단어는 품사가 같은 단어의 조합이다. '매우'는
부사로 빈칸에는 보기 중 접속 부사인 ①이 들어가는
것이 적절하다.
② 관형사, 명사
③ 동사
④ 명사

2 | ④

①②③ 공간 – 상품 – 하위상품 순으로 연결되어 있다.

3 | ②

② B와 C가 취미가 같고, C는 E와 취미생활을 둘이서
같이 하므로 B가 책읽기를 좋아한다면 E도 여가 시간을
책읽기로 보낸다.

4 | ②

② (나) 부스에 영어 통역사가 2명 이상 배치될 시 스페인어 통역사가 최소 3명 배치되어야 하며, 그렇게 되면 (다)부스에 배치된 통역사의 수가 가장 많을 수 없다.
① (가)부스에 2명의 통역사(영어 2명 혹은 영어 1명, 스페인어 1명)가 배치되고 (나)부스에 3명(영어 1명, 스페인어 2명)이 배치될 수 있다.
③ (가)에 영어 1명, (나)에 영어 1명/스페인어 3명이 배치될 시 남은 통역사 5명이 전부 배치되므로 스페인어 통역사가 배치된다.
④ (가)에 영어 1명, (나)에 영어 1명/스페인어 3명, (다)에 영어 4명, 스페인어 1명이 배치될 수 있다.

5 | ④

제시된 조건에 따라 극장과 건물 색깔을 배열하면 C(회색), B(파란색), A(주황색)이 된다.

6 | ②

홀수 항은 +5, 짝수 항은 −5의 규칙을 가진다.
따라서 빈칸에 올 수는 12 + 5 = 17이다.

7 | ④

앞의 두 수를 곱한 값이 그 다음 수가 된다.

8 | ④

주어진 수열은 첫 번째 항부터 3n+11(n=1, 2, 3...)이 더해지는 규칙을 보인다. 따라서 빈칸은 $131 + (3 \times 6 + 11) = 160$이다.

9 | ③

두 수를 더한 후 2를 곱해주는 규칙이다.
따라서 $1 * 8 = (1+8) \times 2 = 18$, $4 * 18 = (4+18) \times 2 = 44$

10 | ③

$2 \times 3 + 4 = 10$, $3 + 2 \times 4 = 11$
$2 \times 1 + 3 = 5$, $1 + 2 \times 3 = 7$
$2 \times 8 + 2 = 18$, $8 + 2 \times 2 = 12$
$\therefore 2 \times 5 + 2 = 12$, $5 + 2 \times 2 = 9$

11 | ③

$4x + 18 = 3x + 26$
$x = 26 - 18 = 8$

12 | ①

4회 참여에 16점을 얻기 위해서는 3회는 5점, 1회는 1점이 올라가야 한다.
따라서 구하는 확률은
$$_4\mathrm{C}_3 \left(\frac{1}{3}\right)^3 \left(\frac{2}{3}\right) = 4 \times \frac{1}{27} \times \frac{2}{3} = \frac{8}{81}$$

13 | ②

꽃병 수를 x라 하면
$12x + 11 = 14x - 7$
$x = 9$
x를 주어진 식에 대입하면
꽃 송이는 총 119송이다.

14 | ②

원가를 x라 하면,

$(1+0.3)x \times (1-0.2) = x + 800$

$0.04x = 800,\ x = 20,000$

$\therefore$ 원가 20,000원

15 | ④

물이 증발되어도 설탕의 양은 변하지 않음을 이용한다.

설탕의 양＝농도×설탕물의 양

증발된 물의 양을 xg이라 하면,

$\dfrac{3}{100} \times 400 = \dfrac{5}{100} \times (400 - x)$

$1200 = 2000 - 5x$

$x = 160g$

남아있는 설탕물의 양＝$400 - 160 = 240(g)$

16 | ③

벤치의 수를 x, 동료들의 수를 y로 놓으면

$\begin{cases} 5x + 4 = y \\ 6x = y \end{cases}$

위 두 식을 연립하면 $x = 4$, $y = 24$

17 | ①

을이 A에서 출발하여 갑을 만났을 때까지의 시간을 x라 하면 갑이 을을 만났을 때까지 달린 시간은 $x+9$이다.

을과 갑이 같은 방향으로 달릴 때 만나는 경우는

$160x = 40(x+9),\ x = 3$으로,

을이 출발하고 3분 뒤에 두사람이 만나는 것이므로 출발점에서부터의 거리는 '거리＝속력×시간'의 공식에 따라

$160 \times 3 = 480(\text{m})$이다.

18 | ③

A~E국 중 고졸 시간제근로자의 비중은 40%로 E국이 가장 높지만 근로자의 수는 알 수 없다.

② C국은 대졸 전일제근로자의 비중이 고졸보다 17%p, 중졸보다 28%p 크므로 최종학력이 높을수록 전일제로 근무하는 비율이 높다고 볼 수 있다.

④ 대졸 전일제근로자의 비중이 가장 높은 곳은 67%로 D국이다. D국의 시간제근로자의 비중은 대졸 19%, 고졸 20%, 중졸 19%로 30%를 넘지 않는다.

19 | ②

A국의 대졸무직자의 수는 $15,000 \times 18\% = 2,700$명이고, C국의 대졸무직자의 수가 같으므로 C국의 대졸인원의 28%는 2,700명이 된다. C국의 대졸인원이 x라고 하면 $x \times 28\% = 2,700$이므로 x는 약 9,643명이다.

20 | ①

㉠ 곡물류구성비 : $\dfrac{62454}{64456} \times 100 = 96.89(\%)$

㉡ 채소류구성비 : $\dfrac{60564}{62484} \times 100 = 96.92(\%)$

㉢ 과일류구성비 : $\dfrac{83213}{97456} \times 100 = 85.38(\%)$

㉣ 생선류구성비 : $\dfrac{15446}{21464} \times 100 = 71.96(\%)$

㉤ 육류구성비 : $\dfrac{25950}{26440} \times 100 = 98.14(\%)$

$\therefore$ 구성비가 세 번째로 높은 것은 곡물류이다.

21 | ③

③ 태희가 색을 제대로 맞힐 확률은 43%, 잘못 판정할 확률은 57%다.

22 | ②

② $\dfrac{90{,}870}{161{,}750} \times 100 = 56.18\%$

23 | ①

가멸차다…재산이나 자원 따위가 매우 많고 풍족하다.

24 | ②

① 억짓손
③ 지음새
④ 맺음새

25 | ①

세속오계(世俗五戒) … 신라 진평왕 때 승려 원광이 화랑에게 일러 준 다섯 가지 계율

※ 세속오계(世俗五戒)

ㄱ 사군이충(事君以忠) : 충성으로써 임금을 섬긴다.
ㄴ 사친이효(事親以孝) : 효도로써 어버이를 섬긴다.
ㄷ 교우이신(交友以信) : 믿음으로써 벗을 사귄다.
ㄹ 임전무퇴(臨戰無退) : 싸움에 임해서는 물러남이 없다.
ㅁ 살생유택(殺生有擇) : 산 것을 죽임에는 가림이 있다.

26 | ②

② '싯-'은 어두음이 유성음이고 첫음절의 모음이 'ㅓ, ㅜ'인 색채를 나타내는 형용사 앞에 붙으므로 '싯누렇다'는 바른 표기이다.
① '가파르다'는 '르'불규칙 용언으로 어간의 끝소리 'ㅡ'가 탈락하면서 'ㄹ'이 덧붙여지는 활용을 한다. 따라서 '가파르다 - 가팔라 - 가파르니' 등으로 활용한다.
③ 'ㅡ탈락'은 모음 앞에서 어간의 'ㅡ'가 탈락하는 규칙 활용이다. '담그다'는 '담가'로 활용하여 제시된 문장에서는 '담갔다'로 써야 한다.

④ '물체를 쏘거나 던져서 어떤 물체에 닿게 하다.'는 '맞히다'이므로 '맞히고'고 고친다.

27 | ④

단사표음 … 대나무로 만든 밥그릇에 담은 밥과 표주박에 든 물이라는 뜻으로, 청빈하고 소박한 생활을 이르는 말이다.

28 | ②

② 어근과 어근의 결합인 합성어이다.
①③④ 접사가 붙은 파생어이다.

29 | ①

기준은 그대로 <u>주저앉아 버렸다</u>.

30 | ③

예/례의 발음은 [예/례]이다. ③ '차례'는 [차례]로 발음한다.

31 | ①

응급실, 의사, 환자를 통해 병원을 연상할 수 있다.

32 | ④

부케, 피로연, 신부를 통해 결혼식을 연상할 수 있다.

33 | ④

보기는 '사람이 죄나 누명 따위를 가지거나 입게 되다'의
뜻이다. 따라서 ④가 적절하다.
① 얼굴에 어떤 물건을 걸거나 덮어쓰다.
② 붓, 펜, 연필과 같이 선을 그을 수 있는 도구로 종이
   따위에 획을 그어서 일정한 글자의 모양이 이루어지
   게 하다.
③ 머릿속에 떠오른 곡을 일정한 기호로 악보 위에 나타
   내다.

34 | ①

① 마지막 문장에 '이들이 쓰다 남은 물자와 이용하지
못한 에너지는 고스란히 버려질 수밖에 없고 따라서 효
율성이 극히 낮기 때문이다.'라고 제시되어 있으므로 몇
몇 특별한 종들만이 득세하는 것이 그다지 바람직한 현
상이 아니라고 하는 것이 가장 적절하다.

35 | ③

① 제시문에 언급되지 않은 내용이다.
② 극장가가 형성된 것은 1910년부터이다.
④ 변사는 자막과 반주 음악이 등장하면서 점차 소멸하
   였다.

36 | ②

② 주어진 글은 논리적으로 주제를 설명하고 있다.

37 | ④

㉠㉡㉢은 특정한 목적으로 제한된 공간을 의미한다.

38 | ②

② 제한되어 있는 공간과 제한되어 있지 않는 '바깥 공
간' 두 곳 모두 혜택을 볼 수 있고 연결해 줄 수 있는
통합 공간이 적절하다.

39 | ④

앞의 빈칸은 박을수가 7년 전 김갑수로 개명신청 했으
며 덧붙여 일본인으로 귀화했다고 했으므로 '또한'이 적
절하다. 두 번째 빈칸은 앞의 내용과 뒤의 내용이 상반
되기 때문에 '하지만'이 적절하다.

40 | ①

㉠ 화제제시→㉡㉢㉣ 예시→㉤ 결론의 순서로 배열하는
것이 적절하다. 지식인에 대한 정의를 먼저 내리고 그와
관련한 일화를 들어 예시를 제시하면서 자신의 주장을
뒷받침하고 있다.

41 | ③

③

42 | ④

①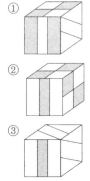

②

③

43 | ④

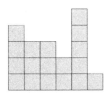

정면에서 본 모습   정면 위에서 본 모습

1	1	3	2	5	1
4	1	2			1
1	1	1			1
1	3	1	2	1	1
1	1				

44 | ③

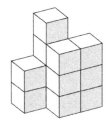

45 | ②

해당 도형을 펼치면 ②가 나타날 수 있다.

46 | ④

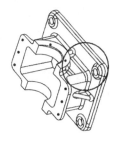

47 | ①

바닥면부터 블록의 개수를 세어 보면, 14+14+9+4=41 개이다.

48 | ④

제시된 도형은 조합하면 ④가 된다.

49 | ③

도로 도민 도호 도중 도도 <u>도랑</u>
도해 도편 도진 도보 도현 도가
도린 도하 도난 도참 도용 도기
도도 도담 도겸 도성 도모 도첨
도서 도가 도토 도정 도포 도서
도청 도쿄 <u>도랑</u> 도희 도담 도호

50 | ③

1	①	2	④	3	①	4	②	5	③
6	④	7	①	8	③	9	①	10	①
11	④	12	④	13	④	14	②	15	①
16	③	17	①	18	①	19	②	20	③
21	④	22	③	23	①	24	①	25	④
26	③	27	①	28	①	29	②	30	①
31	④	32	①	33	③	34	③	35	④
36	②	37	④	38	③	39	①	40	④
41	③	42	①	43	①	44	②	45	①
46	③	47	①	48	③	49	③	50	③

1 | ①

① '영접'과 '천접', '괄시'와 '홀대'는 유의어 관계이다.

2 | ④

①②③은 반의 관계를 이루는 단어들이다. ④의 눈과 코는 반의 관계를 이루지 않는다.

3 | ①

乙은 오늘 알레르기 약을 먹지 않았으므로 강아지를 만나지 않았을 것이므로 甲을 만나지 않은 것은 참이다.

4 | ②

① 복사기를 같이 쓴다고 해서 같은 층에 있는 것은 아니다. 영업부가 경리부처럼 위층의 복사기를 쓸 수도 있다.
③ 인사부가 2층의 복사기를 쓰고 있다고 해서 인사부의 위치가 2층인지는 알 수 없다.
④ 제시된 조건으로 기획부의 위치는 알 수 없다.

5 | ③

丙은 뉴욕과 도쿄를 선호하는데 甲과 같은 도시에는 가지 않을 생각이므로 뉴욕은 갈 수 없고 丙 아니면 丁이 도쿄에 가는데 乙이 丁과 함께 가야하므로 丁이 도쿄에 갈 수 없다. 따라서 丙이 도쿄에 간다.

6 | ④

주어진 수열은 홀수 번째 수열에는 ×2, 짝수 번째 수열에는 +14가 적용되고 있다. 따라서 빈칸은 $72 \times 2 = 144$이다.

7 | ①

규칙을 발견하여 수를 묶어보면
(1), (1 2), (1 3 5), (1 4 7 10), … 으로 진행됨을 알 수 있다.

8 | ③

알파벳을 순서대로 나열했을 때, B에서부터 3의 배수씩 증가하는 규칙을 가지고 있다. 따라서 빈칸은 F에서 15번째 알파벳 U이다.

9 | ①

두 수를 더한 후 뒤의 수를 곱해주는 규칙이다.

따라서 $6*8=(6+8)\times 8=112$, $112*3=(112+3)\times 3=345$

10 | ①

앞의 두수의 제곱의 합이 세 번째 수가 된다.

$2^2+4^2=20$, $1^2+3^2=10$, $5^2+2^2=29$

$\therefore 3^2+2^2=9+4=13$

11 | ④

$8\times 6+3x=8\times 6+3\times 18=102$

12 | ④

각 세트에서 A가 이기는 것을 O, B가 이기는 것을 X라 하면 A가 승리하는 경우와 그 확률은 다음과 같다.

O : $\dfrac{1}{3}$

XOO : $\dfrac{2}{3}\times\dfrac{1}{3}\times\dfrac{1}{3}$

XOXO : $\dfrac{2}{3}\times\dfrac{1}{3}\times\dfrac{2}{3}\times\dfrac{1}{3}$

따라서 A가 승리할 확률은 $\dfrac{1}{3}+\dfrac{2}{3^3}+\dfrac{4}{3^4}=\dfrac{37}{81}$

$\therefore p+q=81+37=118$

13 | ④

14명의 직원 중에서 임의로 뽑은 3명이 선택한 메뉴가 모두 돈까스일 확률은 $\dfrac{{}_3C_3}{{}_{14}C_3}$

14명의 직원 중에서 임의로 뽑은 3명이 선택한 메뉴가 모두 제육볶음일 확률은 $\dfrac{{}_5C_3}{{}_{14}C_3}$

14명의 직원 중에서 임의로 뽑은 3명이 선택한 메뉴가 모두 연어덮밥일 확률은 $\dfrac{{}_6C_3}{{}_{14}C_3}$

따라서 구하는 확률은

$$\dfrac{\dfrac{{}_3C_3+{}_5C_3}{{}_{14}C_3}}{\dfrac{{}_3C_3+{}_5C_3+{}_6C_3}{{}_{14}C_3}}=\dfrac{1+10}{1+10+20}=\dfrac{11}{31}$$

14 | ②

20% 설탕물의 양을 Xg이라 하면, 증발시킨 후 설탕의 양은 같으므로

$X\times\dfrac{20}{100}=(X-60)\times\dfrac{25}{100}$ 에서 $X=300$이다.

더 넣은 설탕의 양을 xg이라 하면,

$300\times\dfrac{20}{100}+x=(300-60+x)\times\dfrac{40}{100}$

$\therefore x=60$

15 | ①

십의 자리 수를 x라 하면

$2(10x+8)+26=80+x$

$19x=38$

$x=2$

따라서 자연수는 28이다.

16 | ③

시속 80km로 간 거리를 $x$km라 하면 시속 100km로 간 거리는 $(170-x)$km이므로

$\dfrac{x}{80}+\dfrac{170-x}{100}=2,5x+4(170-x)=800,x=120$이 다.

그러므로 시속 80km로 간 거리는 120km이다.

17 | ①

김씨 : 이씨 = 3 : 4 = 9 : 12

이씨 : 박씨 = 3 : 2 = 12 : 8

김씨 : 이씨 : 박씨 = 9 : 12 : 8

580,000 ÷ 29 = 20,000

따라서 박씨의 몫은 20,000 × 8 = 160,000(원)이다.

18 | ①

주어진 공식을 이용해 총 매출액을 구하면

$$총 \ 매출액 = \frac{전자제품 \ 매출액 \times 100}{전자제품 \ 매출액 \ 비율} 이다.$$

따라서 총 매출액이 높은 순서대로 나열하면 A(90.0) → C(85.8) → B(62.4) → D(55.9)이다.

19 | ②

② D시의 초등학교 총학생수는 170 × 32 × 35 = 190,400명, 모든 학생이 일주일에 28시간씩 공부하므로 D시의 모든 초등학생이 한 달간 공부한 시간의 총합은 190,400 × 28 × 4 = 21,324,800시간이다.

중학생이 공부한 총시간의 합은 59,850 × 34 × 4 = 8,139,600시간이다.

20 | ③

㉠ A부서의 업무효율 : A 부서의 총 투입시간은, 88시간(개인별 업무시간 82, 회의 소요시간 6)이므로 업무효율은 1.136이다.

㉡ B부서의 업무효율 : B 부서의 총 투입시간은, 102시간(개인별 업무시간 90, 회의 소요시간 12)이므로 업무효율은 0.98이다.

㉢ C부서의 업무효율 : C 부서의 총 투입시간은, 104시간(개인별 업무시간 88, 회의 소요시간 16)이므로 업무효율은 0.96이다.

㉣ D부서의 업무효율 : D 부서의 총 투입시간은, 87시간(개인별 업무시간 81, 회의 소요시간 6)이므로 업무효율은 1.15이다.

21 | ④

지역가입자 수는 지역가입자의 총 보험료를 지역가입자 1인당 월 보험료로 나누어 계산할 수 있다(보험료 단위를 동일하게 환산하지 않아도 된다). 따라서 전체 보험료를 한 해 전체로 판단하여 1인당 연 보험료를 산정하여 연도별 지역가입자 수를 계산해 보면, 지역가입자 수가 매년 감소했음을 알 수 있다.

② 2016년은 399,446 ÷ 475,931 × 100 = 83.9%이며, 2017년은 424,486 ÷ 504,168 × 100 = 84.2%이다.

③ 직장가입자의 경우는

(48,266 − 36,156) ÷ 36,156 × 100 = 33.5%이며,

지역가입자의 경우는

(47,847 − 37,357) ÷ 37,357 × 100 = 28.1%이다.

22 | ④

④ 2019년 ~ 2022년의 연도별 질병비용에서 '음주' 위험요인이 차지하는 비율은 전년대비 매년 감소한다.

23 | ①

항간 … 시골 마을의 사회, 일반 사람들 사이.

① 세속 : 사람이 살고 있는 모든 사회를 통틀어 이르는 말

② 수긍 : 옳다고 인정함. '옳게 여김'으로 순화.

③ 원조 : 어떤 사물이나 물건의 최초 시작으로 인정되는 사물이나 물건.

④ 언사 : 재능과 덕망이 뛰어난 선비.

24 | ③

영전 … 전보다 더 좋은 자리나 직위로 옮김.

③ 좌천 : 낮은 관직이나 지위로 떨어지거나 외직으로 전근됨을 이르는 말.

① 등진 : 관직이나 지위 따위가 올라감.

② 승계 : 품계가 오름.

④ 승양 : 벼슬이 오름.

25 | ④

④ 곽망풍, 된바람, 삭풍, 호풍은 북풍의 다른 이름이다.

26 | ③

가는김에 → 가는 김에

27 | ①

① 밭을[바틀]

28 | ①

② 곰삭다 : 젓갈 따위가 오래되어서 푹 삭다.

③ 소화하다 : 섭취한 음식물을 분해하여 영양분을 흡수하기 쉬운 형태로 변화시키다. 또는 고유의 특성으로 인하여 다른 것의 특성을 잘 살려 주다.

④ 일다 : 희미하거나 약하던 것이 왕성하여지다.

29 | ②

엄마는 설움에 받쳐 울음을 터뜨렸다.

→'화 따위의 심리적 작용이 강하게 일어나다'의 뜻으로 '받치다'를 쓴다.

30 | ①

본바탕이 나쁜데 분에 넘치는 호화로운 치장을 하여 도리어 흉함을 이르는 말이다.

31 | ④

난쟁이, 사과, 거울을 통해 백설공주를 연상할 수 있다.

32 | ①

기류, 날개, 하늘을 통해 비행기를 연상할 수 있다.

33 | ③

ⓒ 물질로 구현되는 것을 모두 기술로 명명할 수 없다 → ⓛ 기술이 아닌 예 → ⓔ 기술에는 지성의 개입이 필요 → ⓐ 기술이라고 할 수 있는 것들의 예

34 | ③

주어진 지문의 내용에 따르면 나보다 뒤에 났더라도 나보다 먼저 도를 들었다면 스승이라 할 수 있다고 하였고 나보다 먼저 났다고 해도 도를 듣지 못한 이는 스승이라 할 수 없다.

35 | ④

ⓐⓛⓒ은 루소의 사상에 대한 내용이다. ⓔ은 루소의 사상의 가치를 작자가 직접 평가하고 있다는 점에서 작자의 생각이 가장 잘 드러나는 부분이다.

36 | ②

셋째 문단에 따르면 루소는 인지가 깨어나면서 인간의 욕망이 필요로 하는 것 이상으로 확대되었다고 보고 있다.

37 | ④

루소가 자연 상태의 인간을 선하고 자유롭고 행복한 이상적이 인간으로 보았다는 내용을 통해, 루소가 자연 상태의 인간을 중시하였음을 알 수 있다.

38 | ①

첫 번째 빈칸 앞에서는 데모크리토스에 대한 설명이고 빈칸 뒤에는 데카르트에 대한 다른 설명을 하는 것이므로 '한편'이 적절하고, 두 번째 빈칸은 앞의 내용을 풀어서 다시 설명하고 있으므로 '다시 말해'가 적절하다.

39 | ①

제시된 글은 '이글루에 담긴 과학적 원리'라는 글의 일부로, 구체적인 현상에 담겨있는 과학적 원리를 설명하고 있다. ㉣ 구체적인 현상 → ㉠ 이유1 → ㉥ 이유1에 대한 유추 → ㉢ 이유2 → ㉦㉡㉤ 이유2에 대한 설명 → ㉧ 구체적인 현상에 적용의 순서로 글이 전개되고 있다.

40 | ④

빈칸에는 한옥의 교육적 의미에 대한 예시가 나와야 하므로 ④가 가장 적절하다.

41 | ③

③ 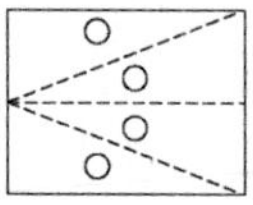

42 | ①

② 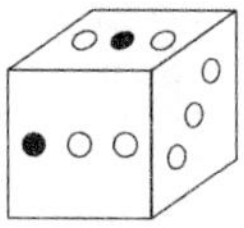

③ 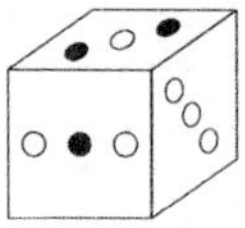

④ 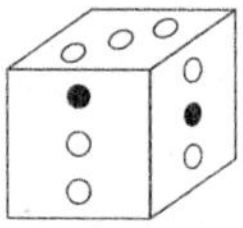

43 | ④

삼면이 일치하는 도형은 ④이다.

44 | ②

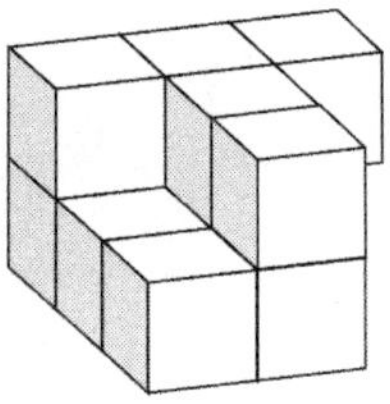

45 | ①

해당 도형을 펼치면 ①이 나타날 수 있다.

46 | ③

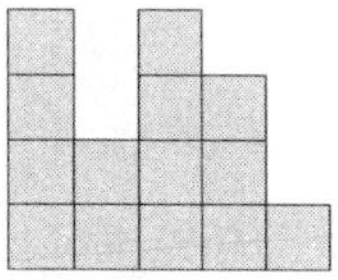

정면에서 본 모습

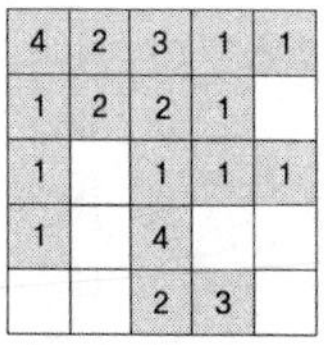

정면 위에서 본 모습

47 | ①

바닥면부터 블록의 개수를 세어 보면, 3+2=5개이다.

48 | ③

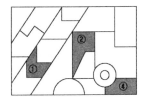

49 | ③

야 튜 체 쥬 먀 태
계 녀 래 벼 **툐** 혜
캬 쵸 례 며 재 **툐**
랴 셔 효 세 래 뵤
녀 래 벼 내 며 채
뎨 태 료 벼 먀 냐

50 | ③

A O X Z P D H
N C D S R F W
R **Q** F U E K S
W E **Q** X I S U
L X B K F R D
Q T O G R I O
B E V Z H K T

충남교육청
교육공무직원

소양평가 핵심요약

1 언어추리

01. 명제

(1) 명제

참, 거짓을 판별할 수 있는 문장이나 식

(2) 조건문

조건문 'P이면 Q이다'에서 P는 가정에 해당하고 Q는 결론에 해당한다.

(3) 역, 이, 대우

① 역 ⋯ 명제의 가정과 결론을 서로 바꾼 명제와 원명제와의 관계

P→Q ↔ Q→P

② 이 ⋯ 명제의 가정과 결론을 부정한 명제와 원명제와의 관계

P→Q ↔ ~P→~Q

③ 대우 ⋯ 가정과 결론을 모두 부정하여 서로의 위치를 바꾼 명제와 원명제와의 관계. 원명제와 대우관계인 명제의 참 거짓은 항상 일치한다. 역, 이 관계에 있는 명제는 원명제의 참, 거짓과 항상 일치하지는 않는다.

P→Q ↔ ~Q→~P

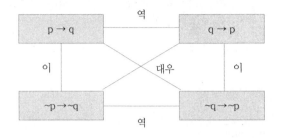

02. 여러 가지 추론

(1) 연역추론

① **직접추론** ⋯ 한 개의 전제에서 새로운 결론을 이끌어 내는 추론이다.

② **간접추론** ⋯ 두 개 이상의 전제에서 새로운 결론을 이끌어 내는 추론이다.

　㉠ **정언삼단논법** : '모든 A는 B다', 'C는 A다', '따라서 C는 B 다'와 같은 형식으로 일반적인 삼단논법이다.

　　예 • 대전제 : 인간은 모두 죽는다.
　　　 • 소전제 : 소크라테스는 인간이다.
　　　 • 결론 : 소크라테스는 죽는다.

　㉡ **가언삼단논법** : '만일 A라면 B다', 'A이다', '그러므로 B 다'라는 형식의 논법이다.

　　예 • 대전제 : 봄이 오면 뒷 산에 개나리가 핀다.
　　　 • 소전제 : 봄이 왔다.
　　　 • 결론 : 그러므로 뒷 산에 개나리가 핀다.

　㉢ **선언삼단논법** : 'A거나 B이다'라는 형식의 논법이다.

　　예 • 대전제 : 내일은 눈이 오거나 바람이 분다.
　　　 • 소전제 : 내일은 눈이 오지 않는다.
　　　 • 결론 : 그러므로 내일은 바람이 분다.

(2) 귀납추론

특수한 사실로부터 일반적이고 보편적인 법칙을 찾아내는 추론 방법이다.

① **통계적 귀납추론** ⋯ 어떤 집합의 구성 요소의 일부를 관찰

하고 그것을 근거로 하여 같은 종류의 모든 대상들에게 그 속성이 있을 것이라는 결론을 도출하는 방법이다.

② 인과적 귀납추론 … 어떤 일의 결과나 원인을 과학적 지식이나 상식에 의거하여 밝혀내는 방법이다.

③ 완전 귀납추론 … 관찰하고자 하는 집합의 전체 원소를 빠짐없이 관찰함으로써 그 공통점을 결론으로 이끌어 내는 방법이다.

④ 유비추론 … 두 개의 현상에서 일련의 요소가 동일하다는 사실을 바탕으로 그것들의 나머지 요소도 동일하리라고 추측하는 방법이다.

03. 논리적 오류

(1) 자료적 오류

주장의 전제 또는 논거가 되는 자료를 잘못 판단하여 결론을 이끌어 내거나 원래 적합하지 못한 것임을 알면서도 의도적으로 논거로 삼음으로써 범하게 되는 오류이다.

① 성급한 일반화의 오류 … 제한된 정보, 불충분한 자료, 대표성을 결여한 사례 등 특수한 경우를 근거로 하여 이를 성급하게 일반화하는 오류이다.

② 우연의 오류(원칙 혼동의 오류) … 일반적으로 그렇다고 해서 특수한 경우에도 그러할 것이라고 잘못 생각하는 오류이다.

③ 무지에의 호소 … 어떤 주장이 반증된 적이 없다는 이유로 받아들여져야 한다고 주장하거나, 결론이 증명된 것이 없다는 이유로 거절되어야 한다고 주장하는 오류이다.

④ 잘못된 유추의 오류 … 부당하게 적용된 유추에 의해 잘못된 결론을 이끌어 내는 오류, 즉 일부분이 비슷하다고 해서 나머지도 비슷할 것이라고 생각하는 오류이다.

⑤ 흑백논리의 오류 … 어떤 주장에 대해 선택 가능성이 두 가지밖에 없다고 생각함으로써 발생하는 오류이다.

⑥ 원인 오판의 오류(거짓 원인을 내세우는 오류, 선후 인과의 오류, 잘못된 인과 관계의 오류) … 단순히 시간상의 선후관계만 있을 뿐인데 시간상 앞선 것을 뒤에 발생한 사건의 원인으로 보거나 시간상 뒤에 발생한 것을 앞의 사건의 결과라고 보는 오류이다.

⑦ 복합질문의 오류 … 둘 이상으로 나누어야 할 것을 하나로 묶어 질문함으로써, 대답 여하에 관계없이 대답하는 사람이 수긍할 수 없거나 수긍하고 싶지 않은 것까지도 수긍하는 결과를 가져오는 질문 때문에 발생하는 오류이다.

⑧ 논점 일탈의 오류 … 원래의 논점에 관한 결론을 내리지 않고 이와 관계없는 새로운 논점을 제시하여 엉뚱한 결론에 이르게 되는 오류이다.

⑨ 순환 논증의 오류(선결 문제 해결의 오류) … 논증하는 주장과 동의어에 불과한 명제를 논거로 삼을 때 범하는 오류이다.

⑩ 의도 확대의 오류 … 의도하지 않은 행위의 결과를 의도가 있었다고 판단할 때 생기는 오류이다.

(2) 언어적 오류

언어를 잘못 사용하거나 잘못 이해하는 데서 발생하는 오류이다.

① 애매어의 오류 … 두 가지 이상의 의미로 사용될 수 있는 단어의 의미를 명백히 분리하여 파악하지 않고 혼동함으로써 생기는 오류이다.

② 강조의 오류 … 문장의 한 부분을 불필요하게 강조함으로써 발생하는 오류이다.

③ 은밀한 재정의의 오류 … 용어의 의미를 자의적으로 재정의하여 사용함으로써 생기는 오류이다.

④ 범주 혼동의 오류 … 서로 다른 범주에 속한 것을 같은 범주의 것으로 혼동하는 데서 생기는 오류이다.

⑤ '이다' 혼동의 오류 : 비유적으로 쓰인 표현을 무시하고 사전적 의미로 해석하거나 술어적인 '이다'와 동일성의 '이다'를 혼동해서 생기는 오류이다.

(3) 심리적 오류

어떤 주장에 대해 논리적으로 타당한 근거를 제시하지 않고 심리적인 면에 기대어 상대방을 설득하려고 할 때 발생하는 오류이다.

① **인신공격의 오류**(사람에의 논증) … 논거의 부당성을 지적하기보다 그 주장을 한 사람의 인품이나 성격을 비난함으로서 그 주장이 잘못이라고 하는 데서 발생하는 오류이다.

② **동정에 호소하는 오류** … 사람의 동정심을 유발시켜 동의를 꾀할 때 발생하는 오류이다.

③ **피장파장의 오류**(역공격의 오류) … 비판받은 내용이 비판하는 사람에게도 역시 동일하게 적용됨을 근거로 비판에서 벗어나려는 오류이다.

④ **힘에 호소하는 오류** … 물리적 힘을 빌어서 논의의 종결을 꾀할 때의 오류이다.

⑤ **대중에 호소하는 오류** … 군중들의 감정을 자극해서 사람들이 자기의 결론에 동조하도록 시도하는 오류이다.

⑥ **원천 봉쇄에 호소하는 오류**(우물에 독 뿌리기 식의 오류) … 반론의 가능성이 있는 요소를 원천적으로 비난하여 봉쇄하는 오류이다.

⑦ **정황적 논증의 오류** … 주장이 참인가 거짓인가 하는 문제는 무시한 채 상대방이 처한 정황 또는 상황으로 보아 자기의 생각을 받아들이지 않으면 안된다고 주장하는 오류이다.

---

2 수열추리

01. 여러 가지 수열

(1) 등차수열

첫째항부터 일정한 수를 더하여 다음 항이 얻어지는 수열이다.

일반항 $a_n = 2n - 1$

(2) 등비수열

첫째항부터 일정한 수를 곱해 다음 항이 얻어지는 수열이다.

일반항 $a_n = 2^{n-1}$

예 | 1 2 4 8 16 32
   ×2 ×2 ×2 ×2 ×2

(3) 계차수열

수열 a_n의 이웃한 두 항의 차로 이루어진 수열 b_n이 있을 때, 수열 a_n에 대하여 $a_{n+1} - a_n = b_n (n = 1, 2, 3, \cdots)$을 만족하는 수열 b_n을 수열 a_n의 계차수열이라 한다.

(4) 조화수열

분수의 형태로 취하고 있던 수열의 역수를 취하면 등차수열이 되는 수열이다.

일반항 $a_n = \dfrac{1}{2n-1}$

예 1 $\dfrac{1}{3}$ $\dfrac{1}{5}$ $\dfrac{1}{7}$ $\dfrac{1}{9}$ $\dfrac{1}{11}$

(5) 피보나치수열

앞의 두 항의 합이 다음 항이 되는 수열이다.

예   1   1 $\underset{1+1}{2}$ $\underset{1+2}{3}$ $\underset{2+3}{5}$ $\underset{3+5}{8}$ $\underset{5+8}{13}$

(6) 군수열

일정한 규칙성으로 몇 항씩 묶어서 나눈 수열이다.

예 1 1 3 1 3 5 1 3 5 7 1 3 5 7 9
⇨ (1) (1 3) (1 3 5) (1 3 5 7) (1 3 5 7 9)

(7) 묶음형 수열

수열이 몇 개씩 묶어서 제시되어 묶음에 대한 규칙을 빠르게 찾아내야 한다.

예 1 2 3   3 4 7   5 6 11
   1+2=3   3+4=7   5+6=11

02. 문자 수열

숫자 대신 문자가 나오며 문자의 나열에서 +, −, ×, ÷를 사용하여 일정한 규칙을 찾아 빈칸에 나올 수를 추리하는 유형으로 수열추리와 똑같이 생각하고 풀면 된다.

03. 도형 수열

표, 원이나 삼각형 등의 도형 주위에 숫자가 배열된 형태로 직선 수열과 똑같이 해결하면 된다. 시계방향, 시계 반대방향, 마주보는 방향, 대칭 등의 형태가 있다.

---

02   수리력

1 응용계산

01. 확률

(1) 경우의 수

① 한 사건 A가 a가지 방법으로 일어나고 다른 사건 B가 b가지 방법으로 일어난다.

   ㉠ 사건 A, B가 동시에 일어난다 : 동시에 일어나는 경우가 C가지 있을 때 경우의 수는 $a+b-c$가지이다.

   ㉡ 사건 A, B가 동시에 일어나지 않는다 : 경우의 수는 $a+b$가지이다.

② 한 사건 A가 a가지 방법으로 일어나며 일어난 각각에 대하여 다른 사건 B가 b가지 방법으로 일어날 때 A, B 동시에 일어나는 경우의 수는 $a \times b$가지이다.

(2) 조합

① 조합의 수…서로 다른 n개에서 순서를 고려치 않고 r개를 택할 경우 이 r개로 이루어진 각각의 집합을 말한다.

$$_nC_r = \frac{_nP_r}{r!} = \frac{n!}{r!(n-r)!}, \quad _nC_r = {_nC_{n-r}}\,(n \geq r), \quad _nC_0 = 1$$

② 중복조합…서로 다른 n개에서 중복을 허락하여 r개를 택하는 조합이다.

$$_nH_r = {_{n+r-1}C_r}$$

(3) 순열

① 순열의 수…서로 다른 n개에서 r개를 택하여 순서 있게 늘어놓는 것이다.

$\bigcirc$ ${}_nP_r = \dfrac{n(n-1)(n-2)\times\cdots\times(n-1r+1)}{r\text{개}}$

(단, $0 \leq r \leq n$)

$\bigcirc$ ${}_nP_r = \dfrac{n!}{(n-r)!}$, $0!=1$, ${}_nP_0=1$,

${}_nP_n=n!$, $n!=n(n-1)\times\cdots\times3\times2\times1$

② **중복순열** … 서로 다른 n개에서 중복을 허용하고 r개를 택하여 일렬로 배열한 것이다. ${}_n\Pi_r=n^r$

③ **원순열** … 서로 다른 n개의 원소를 원형으로 배열하는 방법의 수는 $(n-1)!$, 뒤집어 놓을 수 있는 원순열의 수는 $\dfrac{1}{2}(n-1)!$

(4) 확률

사건 A가 일어날 수학적 확률을 $P(A)$라 하면

$$P(A) = \dfrac{A\text{에 속하는 근원사건의 개수}}{\text{근원사건의 총 개수}}$$

임의의 사건 A, 전사건 S, 공사건 ϕ라면

$$0 \leq P(A) \leq 1,\ P(S)=1,\ P(\phi)=0$$

02. 나이 · 금액 · 업무량 계산

부모와 자식, 형제간의 나이를 계산하는 비례식 문제, 집합과 방정식을 이용한 인원 수, 동물의 수, 사물의 수를 구하는 문제 등이 출제된다.

(1) 나이 계산

① 문제에 나오는 사람의 나이는 같은 수만큼 증감한다.

② 모든 사람의 나이 차이는 바뀌지 않으며 같은 차이만큼 나이가 바뀐다.

(2) 금액 계산

총액 / 잔액 지불하는 상대 등의 관계를 정확히 하여 문제를 잘 읽고, 대차 등의 관계를 파악한다.

① 정가＝원가＋이익＝원가(원가 × 이율)

② 원가 ＝ 정가×(1−할인율)

③ x원에서 y원을 할인한 할인율 $= \dfrac{y}{x}\times100 = \dfrac{100y}{x}$(%)

④ x원에서 y% 할인한 가격 $= x\times\left(1-\dfrac{y}{100}\right)$

⑤ 단리 · 복리 계산

원금：x, 이율：y, 기간：n, 원리금 합계：S라 할 때

$\bigcirc$ 단리：$S=a(1+rn)$

$\bigcirc$ 복리：$S=a(1+r)^n$

(3) 손익 계산

① 이익이 원가의 20%인 경우…원가 × 0.2

② 정가가 원가의 20% 할증(20% 증가)의 경우…원가 × (1 + 0.2)

③ 매가가 정가의 20% 할인(20% 감소)의 경우…정가 × (1 − 0.2)

(4) 업무량 계산

① 인원수 × 시간 × 일수 = 전체 업무량

② 일한 시간 × 개인의 시간당 능력 = 제품 생산개수

03. 시간 · 거리 · 속도 계산

(1) 날짜, 시계 계산

① 1일＝24시간＝1,440분＝86,400초

② 날짜와 요일 문제는 나머지를 이용하여 계산한다.

③ 분침에서 1분의 각도는 $360° \div 60 = 6°$

④ 시침에서 1시간의 각도는 $360° \div 12 = 30°$

⑤ 1시간 각도에서 시침의 분당 각도는 $30° \div 60 = 0.5°$

(2) 시간 · 거리 · 속도

① 거리 = 속도 × 시간

② 시간 = $\dfrac{거리}{속도}$

③ 속도 = $\dfrac{거리}{시간}$

　㉠ 속도를 ν, 시간을 t, 거리를 s 로 하면

　　$\dfrac{s}{\nu \times t}$　※ 거리는 반드시 분자로 둘 것

　㉡ 속도 · 시간 · 거리의 관계를 명확히 하며, '단위'를 착각하지 않도록 주의한다.

(3) 물의 흐름

① 강 흐름의 속도 = (내리막의 속도 − 오르막의 속도)÷2

② 오르막과 내리막의 흐르는 속도의 차이에 주목한다.

③ 오르막은 강의 흐름에 역행이므로 '배의 속도 − 강의 흐름'이며 내리막은 강의 흐름이 더해지므로 '배의 속도 + 강의 흐름'이 된다.

(4) 열차의 통과

① 열차의 이동거리는, '목적물 + 열차의 길이'가 된다.

② 열차가 통과한다는 것은, 선두부터 맨 끝까지 통과하는 것이다.

③ 속도 · 시간 · 거리의 단위를 일치 시킨다(모두 m와 초(秒) 등으로 통일시켜 계산 한다).

④ 기차가 이동한 거리는 철교의 길이와 기차의 길이를 더한 것과 같다.

04. 나무심기

(1) 직선위의 나무의 수는 최초에 심는 한 그루를 더하여 계산한다.

(2) 네 방향으로 심을 때는 반드시 네 모퉁이에 심어지도록 간격을 정한다.

(3) 주위를 둘러싸면서 나무를 심을 경우에는 가로와 세로의 최대공약수가 나무사이의 간격이 된다.

05. 농도계산

(1) 식염의 양을 구한 후에 농도를 계산한다.

(2) 식염의 양(g) = 농도(%) × 식염수의 양(g) ÷ 100

(3) 구하는 농도 = $\dfrac{식염① \times 100(\%)}{식염 + 물(= 식염수)}(\%)$

① 식염수에 물을 더할 경우 … 분모에 $(+x\,g)$의 식을 추가한다.

② 식염수에서 물을 증발시킬 경우 … 분모에 $(-x\,g)$을 추가한다.

③ 식염수에 식염을 더한 경우 … 분모, 분자 각각에 $(+x\,g)$을 추가한다.

01. 자료해석 문제 유형

(1) 자료읽기 및 독해력

제시된 표나 그래프 등을 보고 표면적으로 제공하는 정보를 정확하게 읽어내는 능력을 확인하는 문제가 출제된다. 특별한 계산을 하지 않아도 자료에 대한 정확한 이해를 바탕으로 정답을 찾을 수 있다.

(2) 자료 이해 및 단순계산

문제가 요구하는 것을 찾아 자료의 어떤 부분을 갖고 그 문제를 해결해야 하는지를 파악할 수 있는 능력을 확인한다. 문제가 무엇을 요구하는지 자료를 잘 이해해서 사칙연산부터 나오는 숫자의 의미를 알아야 한다. 계산 자체는 단순한 것이 많지만 소수점의 위치 등에 유의한다. 자료 해석 문제는 무엇보다도 꼼꼼함을 요구한다. 숫자나 비율 등을 정확하게 확인하고, 이에 맞는 식을 도출해서 문제를 푸는 연습과 표를 보고 정확하게 해석할 수 있는 연습이 필요하다.

(3) 응용계산 및 자료추리

자료에 주어진 정보를 응용하여 관련된 다른 정보를 도출하는 능력을 확인하는 유형으로 각 자료의 변수의 관련성을 파악하여 문제를 풀어야 한다. 하나의 자료만을 제시하지 않고 두 개 이상의 자료가 제시한 후 각 자료의 특성을 정확히 이해하여 하나의 자료에서 도출한 내용을 바탕으로 다른 자료를 이용해서 문제를 해결하는 유형도 출제된다.

02. 대표적인 자료해석 문제 해결 공식

(1) 증감률

① 전년도 매출 $\cdots$ P

② 올해 매출 $\cdots$ N

③ 전년도 대비 증감률 $\cdots$ $\dfrac{N-P}{P} \times 100$

(2) 비례식

① 비교하는 양 : 기준량 = 비교하는 양 : 기준량

② 전항 : 후항 = 전항 : 후항

③ 외항 : 내항 = 내항 : 외항

(3) 백분율

$$\text{비율} \times 100 = \dfrac{\text{비교하는 양}}{\text{기준량}} \times 100$$

예 아래의 표는 어느 학교의 운동부에 소속된 20명의 키에 대한 도수분포표이다.

등급(cm)	등급값(cm)	도수(명)	등급값 × 도수
145이상~150미만	147.5	ⓐ	295.0
150~155	152.5	ⓑ	ⓒ
155~160	157.5	4	630.0
160~165	162.5	5	812.5
165~170	ⓔ	3	502.5
170~175	172.5	2	345.0
175~180	177.5	1	177.5
계	1137.5	20	ⓓ

(1) ⓑ의 값은 얼마인가?
(2) ⓓ의 값은 얼마인가?
(3) 이 표에서 구해지는 평균 신장의 추정치는 얼마인가?

(4) 이 표를 작성한 후에, 170~175의 등급에 해당하는 사람이 몇 명 들어와서, 전체 평균 신장의 측정치를 다시 계산하였더니 1.5cm 높아졌다. 새로 들어온 사람은 몇 명인가?

⇨ 계산을 신속히 처리하는 능력이 필요하며 또한 착오를 일으키기 쉬운 상황이므로 정확성을 갖는 것이 중요하다. ⓐ~ⓔ의 기호를 이해한다.

ⓐ : $295.0 \div 147.5 = 2$

ⓑ : $20 - (2 + 4 + 5 + 3 + 2 + 1) = 3$

ⓒ : $152.5 \times 3 = 457.5$

ⓓ : $295.0 + 457.5 + 630.0 + 812.5$
$+ 502.5 + 345.0 + 177.5 = 3220.0$

ⓔ : 165와 170의 사이의 숫자이므로 167.5

(3)은 '평균 신장의 추정치 = (등급값 × 도수의 합계) ÷ 도수의 합계'로 구할 수 있다.

(4)는 x명을 추가로 넣었다고 한다면, '등급값 × 도수'의 합계가, '$3220.0 + 172.5x$', 도수의 합계가, '$20+x$'가 된다. 다시 계산하면 '(3)의 값+1.5'가 된다고 생각하여 식을 만든다.

➤ (1) 3 (2) 3220.0 (3) 161cm (4) 3명

---

03 언어논리력

1 어휘

01. 언어유추

(1) 동의어

두 개 이상의 단어가 소리는 다르나 의미가 같아 모든 문맥에서 서로 대치되어 쓰일 수 있는 것을 동의어라고 한다. 그러나 이렇게 쓰일 수 있는 동의어의 수는 극히 적다. 말이란 개념뿐만 아니라 느낌까지 싣고 있어서 문장 환경에 따라 미묘한 차이가 있기 때문이다. 따라서 동의어는 의미와 결합성의 일치로써 완전동의어와 의미의 범위가 서로 일치하지는 않으나 공통되는 부분의 의미를 공유하는 부분동의어로 구별된다.

① **완전동의어** … 둘 이상의 단어가 그 의미의 범위가 서로 일치하여 모든 문맥에서 치환이 가능하다.
예 사람 : 인간, 사망 : 죽음

② **부분동의어** … 의미의 범위가 서로 일치하지는 않으나 공통되는 어느 부분만 의미를 서로 공유하는 부분적인 동의어이다. 부분동의어는 일반적으로 유의어(類義語)라 불린다. 사실, 동의어로 분류되는 거의 모든 낱말들이 부분동의어에 속한다.
예 이유 : 원인

(2) 유의어

둘 이상의 단어가 소리는 다르면서 뜻이 비슷할 때 유의어라고 한다. 유의어는 뜻은 비슷하나 단어의 성격 등이 다른 경우에 해당하는 것이다. A와 B가 유의어라고 했을 때 문장에 들어 있는 A를 B로 바꾸면 문맥이 이상해지는 경우가 있다. 예를 들어 어머니, 엄마, 모친(母親)은 자손을 출산한 여성을 자식의 관점에서 부르는 호칭으로 유의어이다. 그러나 "어머니, 학교 다녀왔습니다."라는 문장을 "모친, 학교 다녀왔습니다."라고 바꾸면 문맥상 자연스럽지 못하게 된다.

(3) 동음이의어

둘 이상의 단어가 소리는 같으나 의미가 다를 때 동음이의어라고 한다. 동음이의어는 문맥과 상황에 따라, 말소리의 길고 짧음에 따라, 한자에 따라 의미를 구별할 수 있다.

예 • 밥을 먹었더니 배가 부르다. (복부)
  • 과일 가게에서 배를 샀다. (과일)
  • 항구에 배가 들어왔다. (선박)

(4) 다의어

하나의 단어에 뜻이 여러 가지인 단어로 대부분의 단어가 다의를 갖고 있기 때문에 의미 분석이 어려운 것이라고 볼 수 있다. 하나의 의미만 갖는 단어어 및 동음이의어와 대립되는 개념이다.

예 • 밥 먹기 전에 가서 손을 씻고 오너라. (신체)
  • 너무 바빠서 손이 모자란다. (일손)
  • 우리 언니는 손이 큰 편이야. (씀씀이)
  • 그 사람과는 손을 끊어라. (교제)
  • 그 사람의 손을 빌렸어. (도움)
  • 넌 나의 손에 놀아난 거야. (꾀)
  • 저 사람 손에 집이 넘어가게 생겼다. (소유)
  • 반드시 내 손으로 해내고 말겠다. (힘, 역량)

(5) 반의어

단어들의 의미가 서로 반대되거나 짝을 이루어 서로 관계를 맺고 있는 경우가 있다. 이를 '반의어 관계'라고 한다. 그리고 이러한 반의관계에 있는 어휘를 반의어라고 한다. 반의 및 대립 관계를 형성하는 어휘 쌍을 일컫는 용어들은 관점과 유형에 따라 '반대말, 반의어, 반대어, 상대어, 대조어, 대립어' 등으로 다양하다. 반의관계에서 특히 중간 항이 허용되는 관계를 '반대관계'라고 하며, 중간 항이 허용되지 않는 관계를 '모순관계'라고 한다.

예 • 반대관계 : 크다↔작다
  • 모순관계 : 남자↔여자

(6) 상 · 하의어

단어의 의미 관계로 보아 어떤 단어가 다른 단어에 포함되는 경우를 '하의어 관계'라고 하고, 이러한 관계에 있는 어휘가 상의어 · 하의어이다. 상의어로 갈수록 포괄적이고 일반적이며, 하의어로 갈수록 한정적이고 개별적인 의미를 지닌다. 따라서 하의어는 상의어에 비해 자세하다.

① 상의어…다른 단어의 의미를 포함하는 단어를 말한다.
  예 꽃

② 하의어 … 다른 단어의 의미에 포함되는 단어를 말한다.
  예 장미, 국화, 맨드라미, 수선화, 개나리 등

02. 생활어휘

(1) 단위를 나타내는 말

① 길이

뼘	엄지손가락과 다른 손가락을 완전히 펴서 벌렸을 때에 두 끝 사이의 거리
발	한 발은 두 팔을 양옆으로 펴서 벌렸을 때 한쪽 손끝에서 다른 쪽 손끝까지의 길이
길	한 길은 여덟 자 또는 열 자로 약 3m에 해당함. 사람의 키 정도의 길이
치	길이의 단위. 한 치는 한 자의 10분의 1 또는 약 3.33cm
자	길이의 단위. 한 자는 한 치의 열 배로 약 30.3cm
리	거리의 단위. 1리는 약 0.393km
마장	거리의 단위. 오 리나 십 리가 못 되는 거리

② 부피

술	한 술은 숟가락 하나 만큼의 양
홉	곡식의 부피를 재기 위한 기구들이 만들어지고, 그 기구들의 이름이 그대로 부피를 재는 단위가 된다. '홉'은 그 중 가장 작은 단위(180ml에 해당)이며, 곡식 외에 가루, 액체 따위의 부피를 잴 때도 쓰임(10홉 = 1되, 10되 = 1말, 10말 = 1섬).
되	곡식이나 액체 따위의 분량을 헤아리는 단위. '말'의 10분의 1, '홉'의 10배이며, 약 1.8l
섬	곡식·가루·액체 따위의 부피를 잴 때 씀. 한 섬은 한 말의 열 배로 약 180l

③ 무게

돈	귀금속이나 한약재 따위의 무게를 잴 때 쓰는 단위. 한 돈은 한 냥의 10분의 1, 한 푼의 열 배로 3.75g
냥	한 냥은 귀금속 무게를 잴 때는 한 돈의 열 배이고, 한약재의 무게를 잴 때는 한 근의 16분의 1로 37.5g
근	고기나 한약재의 무게를 잴 때는 600g에 해당하고, 과일이나 채소 따위의 무게를 잴 때는 한 관의 10분의 1로 375g
관	한 관은 한 근의 열 배로 3.75kg

④ 낱개

개비	가늘고 짤막하게 쪼개진 도막을 세는 단위
그루	식물, 특히 나무를 세는 단위
닢	가마니, 돗자리, 멍석 등을 세는 단위
땀	바느질할 때 바늘을 한 번 뜬, 그 눈
마리	짐승이나 물고기, 벌레 따위를 세는 단위
모	두부나 묵 따위를 세는 단위
올(오리)	실이나 줄 따위의 가닥을 세는 단위
자루	필기 도구나 연장, 무기 따위를 세는 단위
채	집이나 큰 가구, 기물, 가마, 상여, 이불 등을 세는 단위
코	그물이나 뜨개질한 물건에서 지어진 하나 하나의 매듭
타래	사리어 뭉쳐 놓은 실이나 노끈 따위의 뭉치를 세는 단위
톨	밤이나 곡식의 낟알을 세는 단위
통	배추나 박 따위를 세는 단위
포기	뿌리를 단위로 하는 초목을 세는 단위

⑤ 넓이

평	땅 넓이의 단위. 한 평은 여섯 자 제곱으로 약 $3.3058m^2$
홉지기	땅 넓이의 단위. 한 홉은 1평의 10분의 1
마지기	논과 밭의 넓이를 나타내는 단위. 한 마지기는 볍씨 한 말의 모 또는 씨앗을 심을 만한 넓이로, 지방마다 다르나 논은 약 150~300평. 밭은 약 100평 정도
되지기	넓이의 단위. 한 되지기는 볍씨 한 되의 모 또는 씨앗을 심을 만한 넓이로 한 마지기의 10분의 1
섬지기	논과 밭의 넓이를 나타내는 단위. 한 섬지기는 볍씨 한 섬의 모 또는 씨앗을 심을 만한 넓이로, 한 마지기의 10배이며, 논은 약 2,000평, 밭은 약 1,000평 정도
간	가옥의 넓이를 나타내는 말. '간'은 네 개의 도리로 둘러싸인 면적의 넓이로, 약 6자×6자 정도의 넓이

⑥ 수량

갓	굴비, 고사리 따위를 묶어 세는 단위. 고사리 따위 10모숨을 한 줄로 엮은 것
꾸러미	달걀 10개
동	붓 10자루
두름	조기 따위의 물고기를 짚으로 한 줄에 10마리씩 두 줄로 엮은 것을 세는 단위. 고사리 따위의 산나물을 10모숨 정도로 엮은 것을 세는 단위
벌	옷이나 그릇 따위가 짝을 이루거나 여러 가지가 모여 갖추어진 한 덩이를 세는 단위
손	한 손에 잡을 만한 분량을 세는 단위. 조기·고등어·배추 따위의 한 손은 큰 것과 작은 것을 합한 것을 이르고, 미나리나 파 따위 한 손은 한 줌 분량을 말함
쌈	바늘 24개를 한 묶음으로 하여 세는 단위
접	채소나 과일 따위를 묶어 세는 단위. 한 접은 채소나 과일 100개
제(劑)	탕약 20첩 또는 그만한 분량으로 지은 환약
죽	옷이나 그릇 따위의 10벌을 묶어 세는 단위
축	오징어를 묶어 세는 단위. 오징어 한 축은 20마리
켤레	신, 양말, 버선, 방망이 따위의 짝이 되는 2개를 한 벌로 세는 단위
쾌	북어 20마리
톳	김을 묶어 세는 단위. 김 한 톳은 100장

(2) 나이에 관한 어휘

나이	어휘	나이	어휘
10대	충년(沖年)	15세	지학(志學)
20세	약관(弱冠)	30세	이립(而立)
40세	불혹(不惑)	50세	지천명(知天命)
60세	이순(耳順)	61세	환갑(還甲), 화갑(華甲), 회갑(回甲)
62세	진갑(進甲)	70세	고희(古稀)
77세	희수(喜壽)	80세	산수(傘壽)
88세	미수(米壽)	90세	졸수(卒壽)
99세	백수(白壽)	100세	기원지수(期願之壽)

(3) 가족에 관한 호칭

구분	본인의 가족		타인의 가족	
	생전	사후	생전	사후
父 (아버지)	家親(가친) 嚴親(엄친) 父主(부주)	先親(선친) 先考(선고) 先父君 (선부군)	春府丈 (춘부장) 椿丈(춘장) 椿當(춘당)	先大人 (선대인) 先考丈 (선고장) 先人(선인)
母 (어머니)	慈親(자친) 母生(모생) 家慈(가자)	先妣(선비) 先慈(선자)	慈堂(자당) 大夫人 (대부인) 萱堂(훤당) 母堂(모당) 北堂(북당)	先大夫人 (선대부인) 先大夫 (선대부)
子 (아들)	家兒(가아) 豚兒(돈아) 家豚(가돈) 迷豚(미돈)		令郎(영랑) 令息(영식) 令胤(영윤)	
女 (딸)	女兒(여아) 女息(여식) 息鄙(식비)		令愛(영애) 令嬌(영교) 令孃(영양)	

(4) 어림수를 나타내는 수사, 수관형사

한두	하나나 둘쯤	예 어려움이 한두 가지가 아니다.
두세	둘이나 셋	예 두세 마리
두셋	둘 또는 셋	예 사람 두셋
두서너	둘, 혹은 서너	예 과일 두서너 개
두서넛	둘 혹은 서넛	예 과일을 두서넛 먹었다.
두어서너	두서너	
서너	셋이나 넷쯤	예 쌀 서너 되
서넛	셋이나 넷	예 사람 서넛
서너너덧	서넛이나 너덧. 셋이나 넷 또는 넷이나 다섯	예 서너너덧 명
너덧	넷 가량	예 너덧 개
네댓	넷이나 다섯 가량	
네다섯	넷이나 다섯	
대엿	대여섯. 다섯이나 여섯 가량	
예닐곱	여섯이나 일곱	예 예닐곱 사람이 왔다.
일여덟	일고여덟	예 과일 일여덟 개

2 어법

01. 한글 맞춤법

(1) 표기원칙

한글 맞춤법은 표준어를 소리대로 적되, 어법에 맞도록 함을 원칙으로 한다.

(2) 맞춤법에 유의해야 할 말

① 한 단어 안에서 뚜렷한 까닭 없이 나는 된소리는 다음 음절의 첫소리를 된소리로 적는다.
> 예 소쩍새, 아끼다, 어떠하다, 해쓱하다, 거꾸로, 가끔, 어찌, 이따금, 산뜻하다, 몽땅

※ 다만, 'ㄱ, ㅂ' 받침 뒤에서는 된소리로 적지 아니한다.
> 예 국수, 깍두기, 색시, 싹둑, 법석, 갑자기, 몹시, 딱지

② 'ㄷ' 소리로 나는 받침 중에서 'ㄷ'으로 적을 근거가 없는 것은 'ㅅ'으로 적는다.
> 예 덧저고리, 돗자리, 엇셈, 웃어른, 핫옷, 무릇, 사뭇, 얼핏, 자칫하면

③ '계, 례, 몌, 폐, 혜'의 'ㅖ'는 'ㅖ'로 소리 나는 경우가 있더라도 'ㅖ'로 적는다.
> 예 계수(桂樹), 혜택(惠澤), 사례(謝禮), 연몌(連袂), 계집, 핑계

※ 다만, 다음 말은 본음대로 적는다.
> 예 게송(偈頌), 게시판(揭示板), 휴게실(休憩室)

④ '의'나, 자음을 첫소리로 가지고 있는 음절의 'ㅢ'는 'ㅣ'로 소리 나는 경우가 있더라도 'ㅢ'로 적는다.
> 예 무늬(紋), 보늬, 늴리리, 닁큼, 오늬, 하늬바람

⑤ 한자음 '녀, 뇨, 뉴, 니'가 단어 첫머리에 올 적에는 두음 법칙에 따라 '여, 요, 유, 이'로 적는다.
> 예 여자(女子), 요소(尿素), 유대(紐帶), 익명(匿名)

※ 다만, 다음과 같은 의존 명사에서는 '냐, 녀' 음을 인정한다.

> 예 냥(兩), 냥쭝(兩-), 년(年)(몇 년)

㉠ 단어의 첫머리 이외의 경우에는 본음대로 적는다.
> 예 남녀(男女), 당뇨(糖尿), 결뉴(結紐), 은닉(隱匿)

㉡ 접두사처럼 쓰이는 한자가 붙어서 된 말이나 합성어에서, 뒷말의 첫소리가 'ㄴ' 소리로 나더라도 두음 법칙에 따라 적는다.
> 예 신여성(新女性), 공염불(空念佛), 남존여비(男尊女卑)

⑥ 한자음 '랴, 려, 례, 료, 류, 리'가 단어의 첫머리에 올 적에는 두음 법칙에 따라 '야, 여, 예, 요, 유, 이'로 적는다.
> 예 양심(良心), 용궁(龍宮), 역사(歷史), 유행(流行), 예의(禮儀), 이발(理髮)

※ 다만, 다음과 같은 의존 명사는 본음대로 적는다.
> 예 리(里) : 몇 리냐? / 리(理) : 그럴 리가 없다.

㉠ 단어의 첫머리 이외의 경우에는 본음대로 적는다.
> 예 개량(改良), 선량(善良), 협력(協力), 혼례(婚禮), 와룡(臥龍), 쌍룡(雙龍), 낙뢰(落雷), 광한루(廣寒樓), 동구릉(東九陵), 가정란(家庭欄)

※ 다만, 모음이나 'ㄴ' 받침 뒤에 이어지는 '렬, 률'은 '열, 율'로 적는다.
> 예 나열(羅列), 진열(陳列), 선율(旋律), 비율(比率), 규율(規律), 분열(分裂), 백분율(百分率)

㉡ 준말에서 본음으로 소리 나는 것은 본음대로 적는다.
> 예 국련(국제연합), 대한교련(대한교육연합회)

㉢ 접두사처럼 쓰이는 한자가 붙어서 된 말이나 합성어에서 뒷말의 첫소리가 'ㄴ' 또는 'ㄹ' 소리로 나더라도 두음 법칙에 따라 적는다.
> 예 역이용(逆利用), 연이율(年利率), 열역학(熱力學), 해외여행(海外旅行)

⑦ 한 단어 안에서 같은 음절이나 비슷한 음절이 겹쳐 나는 부분은 같은 글자로 적는다.
> 예 똑딱똑딱, 쓱싹쓱싹, 씁쓸하다, 유유상종(類類相從)

⑧ 용언의 어간과 어미는 구별하여 적는다.
> 예 먹다, 먹고, 먹어, 먹으니

㉠ 두 개의 용언이 어울려 한 개의 용언이 될 적에, 앞말의 본뜻이 유지되고 있는 것은 그 원형을 밝히어 적고, 그 본뜻에서 멀어진 것은 밝히어 적지 아니한다.
- 앞말의 본뜻이 유지되고 있는 것
  예 넘어지다, 늘어나다, 돌아가다, 되짚어가다, 엎어지다, 흩어지다
- 본뜻에서 멀어진 것
  예 드러나다, 사라지다, 쓰러지다

㉡ 종결형에서 사용되는 어미 '-오'는 '요'로 소리 나는 경우가 있더라도 그 원형을 밝혀 '오'로 적는다.
예 이것은 책이오.

㉢ 연결형에서 사용되는 '이요'는 '이요'로 적는다.
예 이것은 책이요, 저것은 붓이요, 또 저것은 먹이다.

⑨ 어미 뒤에 덧붙는 조사 '요'는 '요'로 적는다.
예 읽어요, 참으리요, 좋지요

⑩ 어간에 '-이'나 '-음/-ㅁ'이 붙어서 명사로 된 것과 '-이'나 '-히'가 붙어서 부사로 된 것은 그 어간의 원형을 밝히어 적는다.
예 얼음, 굳이, 더욱이, 일찍이, 익히, 앎, 만듦, 짓궂이, 밝히

㉠ 어간에 '-이'나 '-음'이 붙어서 명사로 바뀐 것이라도 그 어간의 뜻과 멀어진 것은 원형을 밝히어 적지 아니한다.
예 굽도리, 다리(髢), 목거리(목병), 무녀리, 거름(비료), 고름(膿), 노름(도박)

㉡ 어간에 '-이'나 '-음' 이외의 모음으로 시작된 접미사가 붙어서 다른 품사로 바뀐 것은 그 어간의 원형을 밝히어 적지 아니한다.
예 귀머거리, 까마귀, 너머, 마개, 비렁뱅이, 쓰레기, 올가미, 주검, 도로, 뜨덤뜨덤, 바투, 비로소

⑪ 명사 뒤에 '-이'가 붙어서 된 말은 그 명사의 원형을 밝히어 적는다.
예 곳곳이, 낱낱이, 몫몫이, 샅샅이, 집집이, 곰배팔이, 바둑이, 삼발이, 애꾸눈이, 육손이, 절뚝발이 / 절름발이, 딸깍발이

※ '-이' 이외의 모음으로 시작된 접미사가 붙어서 된 말은 그 명사의 원형을 밝히어 적지 아니한다.
예 꼬락서니, 끄트머리, 모가치, 바가지, 사타구니, 싸라기, 이파리, 지붕, 지푸라기, 짜개

⑫ '-하다'나 '-거리다'가 붙는 어근에 '-이'가 붙어서 명사가 된 것은 그 원형을 밝히어 적는다.
예 깔쭉이, 살살이, 꿀꿀이, 눈깜짝이, 오뚝이, 더펄이, 코납작이, 배불뚝이, 푸석이, 홀쭉이

※ '-하다'나 '-거리다'가 붙을 수 없는 어근에 '-이'나 또는 다른 모음으로 시작되는 접미사가 붙어서 명사가 된 것은 그 원형을 밝히어 적지 아니한다.
예 개구리, 귀뚜라미, 깍두기, 꽹과리, 날라리, 두드러기, 딱따구리, 부스러기, 뻐꾸기, 얼루기, 칼싹두기

⑬ '-하다'가 붙는 어근에 '-히'나 '-이'가 붙어 부사가 되거나, 부사에 '-이'가 붙어서 뜻을 더하는 경우에는, 그 어근이나 부사의 원형을 밝히어 적는다.
예 급히, 꾸준히, 도저히, 딱히, 어렴풋이, 깨끗이, 곰곰이, 더욱이, 생긋이, 오뚝이, 일찍이, 해죽이

※ '-하다'가 붙지 않는 경우에는 소리대로 적는다.
예 갑자기, 반드시(꼭), 슬며시

⑭ 사이시옷은 다음과 같은 경우에 받치어 적는다.
㉠ 순 우리말로 된 합성어로서 앞말이 모음으로 끝난 경우
- 뒷말의 첫소리가 된소리로 나는 것
  예 귓밥, 나룻배, 나뭇가지, 냇가, 댓가지, 뒷갈망, 맷돌, 머릿기름, 모깃불, 부싯돌, 선짓국, 잇자국, 쳇바퀴, 킷값, 핏대, 햇바늘
- 뒷말의 첫소리 'ㄴ, ㅁ' 앞에서 'ㄴ' 소리가 덧나는 것
  예 멧나물, 아랫니, 텃마당, 아랫마을, 뒷머리, 잇몸, 깻묵
- 뒷말의 첫소리 모음 앞에서 'ㄴㄴ' 소리가 덧나는 것
  예 도리깻열, 뒷윷, 두렛일, 뒷일, 뒷입맛, 베갯잇, 욧잇, 깻잎, 나뭇잎, 댓잎

㉡ 순 우리말과 한자어로 된 합성어로서 앞말이 모음으로 끝난 경우
- 뒷말의 첫소리가 된소리로 나는 것
  예 귓병, 머릿방, 샛강, 아랫방, 자릿세, 전셋집, 찻잔, 콧병, 탯줄, 텃세, 햇수, 횟배

- 뒷말의 첫소리 'ㄴ, ㅁ' 앞에서 'ㄴ' 소리가 덧나는 것
  - 예 곗날, 제삿날, 훗날, 툇마루, 양칫물
- 뒷말의 첫소리 모음 앞에서 'ㄴㄴ' 소리가 덧나는 것
  - 예 가욋일, 사삿일, 예삿일, 훗일
ⓒ 두 음절로 된 다음 한자어
  - 예 곳간(庫間), 셋방(貰房), 숫자(數字), 찻간(車間), 툇간(退間), 횟수(回數)

  ※ 사이시옷을 붙이지 않는 경우
  - 예 개수(個數), 전세방(傳貰房), 초점(焦點), 대구법(對句法)

⑮ 두 말이 어울릴 적에 'ㅂ' 소리나 'ㅎ' 소리가 덧나는 것은 소리대로 적는다.
  - 예 댑싸리, 멥쌀, 볍씨, 햅쌀, 머리카락, 살코기, 수컷, 수탉, 안팎, 암캐, 암탉

⑯ 어간의 끝음절 '하'의 'ㅏ'가 줄고 'ㅎ'이 다음 음절의 첫소리와 어울려 거센소리로 될 적에는 거센소리로 적는다.

본말	준말	본말	준말
간편하게	간편케	다정하다	다정타
연구하도록	연구토록	정결하다	정결타
가하다	가타	흔하다	흔타

ⓐ 어간의 끝음절 '하'가 아주 줄 적에는 준 대로 적는다.

본말	준말	본말	준말
거북하지	거북지	넉넉하지 않다	넉넉지 않다
생각하건대	생각건대	생각하다 못해	생각다 못해
섭섭하지 않다	섭섭지 않다	익숙하지 않다	익숙지 않다

ⓑ 다음과 같은 부사는 소리대로 적는다.
  - 예 결단코, 결코, 기필코, 무심코, 아무튼, 요컨대, 정녕코, 필연코, 하마터면, 하여튼, 한사코

⑰ 부사의 끝음절이 분명히 '이'로만 나는 것은 '-이'로 적고, '히'로만 나거나 '이'나 '히'로 나는 것은 '-히'로 적는다.

ⓐ '이'로만 나는 것
  - 예 가붓이, 깨끗이, 나붓이, 느긋이, 둥긋이, 따뜻이, 반듯이, 버젓이, 산뜻이, 의젓이, 가까이, 고이, 날카로이, 대수로이, 번거로이, 많이, 적이, 겹겹이, 번번이, 일일이, 틈틈이
ⓑ '히'로만 나는 것
  - 예 극히, 급히, 딱히, 속히, 작히, 족히, 특히, 엄격히, 정확히
ⓒ '이, 히'로 나는 것
  - 예 솔직히, 가만히, 소홀히, 쓸쓸히, 정결히, 꼼꼼히, 열심히, 급급히, 답답히, 섭섭히, 공평히, 분명히, 조용히, 간소히, 고요히, 도저히

⑱ 한자어에서 본음으로도 나고 속음으로도 나는 것은 각각 그 소리에 따라 적는다.

본음으로 나는 것	속음으로 나는 것
승낙(承諾)	수락(受諾), 쾌락(快諾), 허락(許諾)
만난(萬難)	곤란(困難), 논란(論難)
안녕(安寧)	의령(宜寧), 회령(會寧)
분노(忿怒)	대로(大怒), 희로애락(喜怒哀樂)
토론(討論)	의논(議論)
오륙십(五六十)	오뉴월, 유월(六月)
목재(木材)	모과(木瓜)
십일(十日)	시방정토(十方淨土), 시왕(十王), 시월(十月)
팔일(八日)	초파일(初八日)

⑲ 다음과 같은 접미사는 된소리로 적는다.
  - 예 심부름꾼, 귀때기, 익살꾼, 볼때기, 일꾼, 판자때기, 뒤꿈치, 장난꾼, 팔꿈치, 지게꾼, 이마빼기, 코빼기, 객쩍다, 성깔, 겸연쩍다
⑳ 두 가지로 구별하여 적던 다음 말들은 한 가지로 적는다.
  - 예 맞추다(마추다×) : 입을 맞춘다. 양복을 맞춘다.
    뻗치다(뻐치다×) : 다리를 뻗친다. 멀리 뻗친다.

  ※ '-더라, -던'과 '-든지'는 다음과 같이 적는다.
  ⓐ 지난 일을 나타내는 어미는 '-더라, -던'으로 적는다.
  - 예 지난겨울은 몹시 춥더라. 그 사람 말 잘하던데!

ⓛ 물건이나 일의 내용을 가리지 아니하는 뜻을 나타내는 조사와 어미는 '-든지'로 적는다.
> 예 배든지 사과든지 마음대로 먹어라. 가든지 오든지 마음대로 해라.

(3) 띄어쓰기

문장의 각 단어는 띄어 씀을 원칙으로 한다(다만, 조사는 붙여 씀).

① 조사는 그 앞말에 붙여 쓴다.
> 예 너조차, 꽃마저, 꽃입니다, 꽃처럼, 어디까지나, 거기도, 멀리는, 웃고만

② 의존 명사는 띄어 쓴다.
> 예 아는 것이 힘이다. 나도 할 수 있다. 먹을 만큼 먹어라. 아는 이를 만났다.

③ 단위를 나타내는 명사는 띄어 쓴다.
> 예 한 개, 차 한 대, 금 서 돈, 조기 한 손, 버선 한 죽
>
> ※ 다만, 순서를 나타내는 경우나 숫자와 어울리어 쓰이는 경우에는 붙여 쓸 수 있다.
> > 예 두시 삼십분 오초, 제일과, 삼학년, 1446년 10월 9일, 2대대, 16동 502호, 제1어학 실습실

④ 수를 적을 적에는 '만(萬)' 단위로 띄어 쓴다.
> 예 십이억 삼천사백오십육만 칠천팔백구십팔, 12억 3456만 7898

⑤ 두 말을 이어 주거나 열거할 적에 쓰이는 말들은 띄어 쓴다.
> 예 국장 겸 과장, 열 내지 스물, 청군 대 백군, 이사장 및 이사들

⑥ 단음절로 된 단어가 연이어 나타날 적에는 붙여 쓸 수 있다.
> 예 그때 그곳, 좀더 큰것, 이말 저말, 한잎 두잎

⑦ 보조 용언은 띄어 씀을 원칙으로 하되, 경우에 따라 붙여 씀도 허용한다.

원칙	허용
불이 꺼져 간다.	불이 꺼져간다.
내 힘으로 막아 낸다.	내 힘으로 막아낸다.
어머니를 도와 드린다.	어머니를 도와드린다.
비가 올 성싶다.	비가 올성싶다.
잘 아는 척한다.	잘 아는척한다.

⑧ 성과 이름, 성과 호 등은 붙여 쓰고, 이에 덧붙는 호칭어, 관직명 등은 띄어 쓴다.
> 예 서화담(徐花潭), 채영신 씨, 최치원 선생, 박동식 박사, 충무공 이순신 장군

⑨ 성명 이외의 고유 명사는 단어별로 띄어 씀을 원칙으로 하되, 단위별로 띄어 쓸 수 있다.
> 예 한국 대학교 사범 대학(원칙), 한국대학교 사범대학(허용)

02. 표준어 규정

(1) 제정 원칙

표준어는 교양 있는 사람들이 두루 쓰는 현대 서울말로 정함을 원칙으로 한다.

(2) 주요 표준어

① 다음 단어들은 거센소리를 가진 형태를 표준어로 삼는다.
> 예 끄나풀, 빈 칸, 부엌, 살쾡이, 녘

② 어원에서 멀어진 형태로 굳어져서 널리 쓰이는 것은, 그것을 표준어로 삼는다.

③ 다음 단어들은 의미를 구별함이 없이, 한 가지 형태만을 표준어로 삼는다.
> 예 돌, 둘째, 셋째, 넷째, 열두째, 빌리다

④ 수컷을 이르는 접두사는 '수-'로 통일한다.
> 예 수꿩, 수소, 수나사, 수놈, 수사돈, 수은행나무

ⓐ 다음 단어에서는 접두사 다음에서 나는 거센소리를 인정한다. 접두사 '암-'이 결합되는 경우에도 이에 준한다.
　예 수캉아지, 수캐, 수컷, 수키와, 수탉, 수탕나귀, 수톨쩌귀, 수퇘지, 수평아리

ⓑ 다음 단어의 접두사는 '숫-'으로 한다.
　예 숫양, 숫쥐, 숫염소

⑤ 양성 모음이 음성 모음으로 바뀌어 굳어진 다음 단어는 음성 모음 형태를 표준어로 삼는다.
　예 깡충깡충, -둥이, 발가숭이, 보퉁이, 뻗정다리, 아서, 아서라, 오뚝이, 주추
　※ 다만, 어원 의식이 강하게 작용하는 다음 단어에서는 양성 모음 형태를 그대로 표준어로 삼는다.
　　예 부조(扶助), 사돈(査頓), 삼촌(三寸)

⑥ 'ㅣ' 역행 동화 현상에 의한 발음은 원칙적으로 표준 발음으로 인정하지 아니하되, 다만 다음 단어들은 그러한 동화가 적용된 형태를 표준어로 삼는다.
　예 풋내기, 냄비, 동댕이치다

ⓐ 다음 단어는 'ㅣ' 역행 동화가 일어나지 아니한 형태를 표준어로 삼는다.
　예 아지랑이

ⓑ 기술자에게는 '-장이', 그 외에는 '-쟁이'가 붙는 형태를 표준어로 삼는다.
　예 미장이, 유기장이, 멋쟁이, 소금쟁이, 담쟁이덩굴

⑦ 다음 단어는 모음이 단순화한 형태를 표준어로 삼는다.
　예 괴팍하다, 미루나무, 미륵, 여느, 으레, 케케묵다, 허우대

⑧ 다음 단어에서는 모음의 발음 변화를 인정하여, 발음이 바뀌어 굳어진 형태를 표준어로 삼는다.
　예 깍쟁이, 나무라다, 바라다, 상추, 주책, 지루하다, 튀기, 허드레, 호루라기, 시러베아들

⑨ '웃-' 및 '윗-'은 명사 '위'에 맞추어 '윗-'으로 통일한다.
　예 윗도리, 윗니, 윗목, 윗몸, 윗자리, 윗잇몸

ⓐ 된소리나 거센소리 앞에서는 '위-'로 한다.
　예 위쪽, 위층, 위치마, 위턱

ⓑ '아래, 위'의 대립이 없는 단어는 '웃-'으로 발음되는 형태를 표준어로 삼는다.
　예 웃국, 웃돈, 웃비, 웃어른, 웃옷

⑩ 한자 '구(句)'가 붙어서 이루어진 단어는 '귀'로 읽는 것을 인정하지 아니하고, '구'로 통일한다.
　예 구절(句節), 결구(結句), 경구(警句), 단구(短句), 대구(對句), 문구(文句), 어구(語句), 연구(聯句), 인용구(引用句), 절구(絕句)
　※ 다만, 다음 단어는 '귀'로 발음되는 형태를 표준어로 삼는다.
　　예 글귀, 귀글

⑪ 준말이 널리 쓰이고 본말이 잘 쓰이지 않는 경우에는, 준말만을 표준어로 삼는다.
　예 귀찮다, 똬리, 무, 뱀, 빔, 샘, 생쥐, 솔개, 온갖, 장사치

⑫ 준말이 쓰이고 있더라도, 본말이 널리 쓰이고 있으면 본말을 표준어로 삼는다.
　예 경황없다, 궁상떨다, 귀이개, 낌새, 낙인찍다, 돗자리, 뒤웅박, 마구잡이, 부스럼, 살얼음판, 수두룩하다, 일구다, 퇴박맞다

⑬ 어감의 차이를 나타내는 단어 또는 발음이 비슷한 단어들이 다 같이 널리 쓰이는 경우에는, 그 모두를 표준어로 삼는다.
　예 거슴츠레하다 / 게슴츠레하다, 고린내 / 코린내, 꺼림하다 / 께름하다, 나부랭이 / 너부렁이

⑭ 사어(死語)가 되어 쓰이지 않게 된 단어는 고어로 처리하고, 현재 널리 사용되는 단어를 표준어로 삼는다.
　예 난봉, 낭떠러지, 설거지하다, 애달프다, 자두

⑮ 한 가지 의미를 나타내는 형태 몇 가지가 널리 쓰이며 표준어 규정에 맞으면, 그 모두를 표준어로 삼는다(복수 표준어).
　예 멍게 / 우렁쉥이, 가엾다 / 가엽다, 넝쿨 / 덩굴, 눈대중 / 눈어림 / 눈짐작, -뜨리다 / -트리다, 부침개질 / 부침질 / 지짐질, 생 / 새앙 / 생강, 여쭈다 / 여쭙다, 우레 / 천둥, 엿가락 / 엿가래, 자물쇠 / 자물통

(3) 표준 발음법

　표준 발음법은 표준어의 실제 발음을 따르되, 국어의 전통성과 합리성을 고려하여 정함을 원칙으로 한다.

① 겹받침 'ㄳ', 'ㄵ', 'ㄼ, ㄽ, ㄾ', 'ㅄ'은 어말 또는 자음 앞에서 각각 [ㄱ, ㄴ, ㄹ, ㅂ]으로 발음한다.

> 예 넋[넉], 넋과[넉꽈], 앉다[안따], 여덟[여덜], 넓다[널따], 외곬[외골], 핥다[할따], 값[갑], 없다[업 : 따]

② '밟-'은 자음 앞에서 [밥]으로 발음하고, '넓-'은 다음과 같은 경우에 [넙]으로 발음한다.

> 예 밟다[밥 : 따], 밟는[밤 : 는], 넓죽하다[넙쭈카다], 넓둥글다[넙뚱글다]

③ 겹받침 'ㄺ', 'ㄻ', 'ㄿ'은 어말 또는 자음 앞에서 각각 [ㄱ, ㅁ, ㅂ]으로 발음한다.

> 예 닭[닥], 흙과[흑꽈], 맑다[막따], 늙지[늑찌], 삶[삼 :], 젊다[점 : 따], 읊고[읍꼬], 읊다[읍따]

④ 용언의 어간 말음 'ㄺ'은 'ㄱ' 앞에서 [ㄹ]로 발음한다.

> 예 맑게[말께], 묽고[물꼬], 얽거나[얼꺼나]

⑤ 'ㅎ(ㄶ, ㅀ)' 뒤에 'ㄱ, ㄷ, ㅈ'이 결합되는 경우에는, 뒤음절 첫소리와 합쳐서 [ㅋ, ㅌ, ㅊ]으로 발음한다.

> 예 놓고[노코], 좋던[조 : 턴], 쌓지[싸치], 많고[만 : 코], 닳지[달치]

⑥ 'ㅎ(ㄶ, ㅀ)' 뒤에 모음으로 시작된 어미나 접미사가 결합되는 경우에는, 'ㅎ'을 발음하지 않는다.

> 예 낳은[나은], 놓아[노아], 쌓이다[싸이다], 싫어도[시러도]

⑦ 받침 뒤에 모음 'ㅏ, ㅓ, ㅗ, ㅜ, ㅟ'들로 시작되는 실질 형태소가 연결되는 경우에는, 대표음으로 바꾸어서 뒤 음절 첫소리로 옮겨 발음한다.

> 예 밭 아래[바다래], 늪 앞[느밥], 젖어미[저더미], 맛없다[마덥따], 겉옷[거돋], 헛웃음[허두슴], 꽃 위[꼬뒤]

> ※ '맛있다, 멋있다'는 [마싣따], [머싣따]로도 발음할 수 있다.

⑧ 한글 자모의 이름은 그 받침소리를 연음하되, 'ㄷ, ㅈ, ㅊ, ㅋ, ㅌ, ㅍ, ㅎ'의 경우에는 특별히 다음과 같이 발음한다.

> 예 디귿이[디그시], 지읒이[지으시], 치읓이[치으시], 키읔이[키으기], 티읕이[티으시], 피읖이[피으비], 히읗이[히으시]

⑨ 받침 'ㄷ, ㅌ(ㄾ)'이 조사나 접미사의 모음 'ㅣ'와 결합되는 경우에는, [ㅈ, ㅊ]으로 바꾸어서 뒤 음절 첫소리로 옮겨 발음한다.

> 예 곧이듣다[고지듣따], 굳이[구지], 미닫이[미다지], 땀받이[땀바지]

⑩ 받침 'ㄱ(ㄲ, ㅋ, ㄳ, ㄺ), ㄷ(ㅅ, ㅆ, ㅈ, ㅊ, ㅌ, ㅎ), ㅂ(ㅍ, ㄼ, ㄿ, ㅄ)'은 'ㄴ, ㅁ' 앞에서 [ㅇ, ㄴ, ㅁ]으로 발음한다.

> 예 먹는[멍는], 국물[궁물], 깎는[깡는], 키읔만[키응만], 몫몫이[몽목씨], 긁는[긍는], 흙만[흥만], 짓는[진 : 는], 옷맵시[온맵씨], 맞는[만는], 젖멍울[전멍울], 쫓는[쫀는], 꽃망울[꼰망울], 놓는[논는], 잡는[잠는], 앞마당[암마당], 밟는[밤 : 는], 읊는[음는], 없는[엄 : 는]

⑪ 받침 'ㅁ, ㅇ' 뒤에 연결되는 'ㄹ'은 [ㄴ]으로 발음한다.

> 예 담력[담 : 녁], 침략[침냑], 강릉[강능], 대통령[대 : 통녕]

⑫ 'ㄴ'은 'ㄹ'의 앞이나 뒤에서 [ㄹ]로 발음한다.

> 예 난로[날 : 로], 신라[실라], 광한루[광 : 할루], 대관령[대 : 괄령], 칼날[칼랄]

> ※ 다만, 다음과 같은 단어들은 'ㄹ'을 [ㄴ]으로 발음한다.

> 예 의견란[의 : 견난], 임진란[임 : 진난], 생산량[생산냥], 결단력[결딴녁], 공권력[공꿘녁], 상견례[상견녜], 횡단로[횡단노], 이원론[이 : 원논], 입원료[이붠뇨]

⑬ 받침 'ㄱ(ㄲ, ㅋ, ㄳ, ㄺ), ㄷ(ㅅ, ㅆ, ㅈ, ㅊ, ㅌ), ㅂ(ㅍ, ㄼ, ㄿ, ㅄ)' 뒤에 연결되는 'ㄱ, ㄷ, ㅂ, ㅅ, ㅈ'은 된소리로 발음한다.

> 예 국밥[국빱], 깎다[깍따], 삯돈[삭똔], 닭장[닥짱], 옷고름[옫꼬름], 낯설다[낟썰다], 덮개[덥깨], 넓죽하다[넙쭈카다], 읊조리다[읍쪼리다], 값지다[갑찌다]

⑭ 어간 받침 'ㄴ(ㄵ), ㅁ(ㄻ)' 뒤에 결합되는 어미의 첫소리 'ㄱ, ㄷ, ㅅ, ㅈ'은 된소리로 발음한다.

> 예 신고[신 : 꼬], 껴안다[껴안따], 앉고[안꼬], 닮고[담 : 꼬], 젊지[점 : 찌]

> ※ 다만, 피동, 사동의 접미사 '-기-'는 된소리로 발음하지 않는다.

> 예 안기다, 감기다, 굶기다, 옮기다

⑮ 표기상으로는 사이시옷이 없더라도, 관형격 기능을 지니는 사이시옷이 있어야 할(휴지가 성립되는) 합성어의 경

우에는, 뒤 단어의 첫소리 'ㄱ, ㄷ, ㅂ, ㅅ, ㅈ'을 된소리로 발음한다.

> 예 문고리[문꼬리], 눈동자[눈똥자], 산새[산쌔], 길가[길까], 강가[강까], 초승달[초승딸], 창살[창쌀]

⑯ 합성어 및 파생어에서, 앞 단어나 접두사의 끝이 자음이고 뒤 단어나 접미사의 첫음절이 '이, 야, 여, 요, 유'인 경우에는, 'ㄴ' 소리를 첨가하여 [니, 냐, 녀, 뇨, 뉴]로 발음한다.

> 예 솜이불[솜 : 니불], 막일[망닐], 삯일[상닐], 내복약[내 : 봉냑], 남존여비[남존녀비], 늑막염[능망념], 눈요기[눈뇨기], 식용유[시굥뉴]

※ 다만, 다음과 같은 말들은 'ㄴ' 소리를 첨가하여 발음하되, 표기대로 발음할 수 있다.

> 예 이죽이죽[이중니죽 / 이주기죽], 야금야금[야금냐금 / 야그마금], 검열[검 : 녈 / 거 : 멸], 금융[금늉 / 그늉]

㉠ 'ㄹ' 받침 뒤에 첨가되는 'ㄴ' 음은 [ㄹ]로 발음한다.

> 예 솔잎[솔립], 설익다[설릭따], 물약[물략], 유들유들[유들류들]

㉡ 두 단어를 이어서 한 마디로 발음하는 경우에도 이에 준한다.

> 예 옷 입다[온닙따], 서른여섯[서른녀섣], 3연대[삼년대], 먹은 엿[머근녇], 스물여섯[스물려섣], 1연대[일련대], 먹을 엿[머글련]

※ 다만, 다음과 같은 단어에서는 'ㄴ(ㄹ)' 음을 첨가하여 발음하지 않는다.

> 예 6 · 25[유기오], 3 · 1절[사밀쩔], 송별연[송: 벼련], 등용문[등용문]

⑰ 사이시옷이 붙은 단어는 다음과 같이 발음한다.

㉠ 'ㄱ, ㄷ, ㅂ, ㅅ, ㅈ'으로 시작되는 단어 앞에 사이시옷이 올 때에는 이들 자음만을 된소리로 발음하는 것을 원칙으로 하되, 사이시옷을 [ㄷ]으로 발음하는 것도 허용한다.

> 예 냇가[내 : 까 / 낻: 까], 샛길[새: 낄 / 샏: 낄], 깃발[기빨 / 긷빨], 뱃전[배쩐 / 밷쩐]

㉡ 사이시옷 뒤에 'ㄴ, ㅁ'이 결합되는 경우에는 [ㄴ]으로 발음한다.

> 예 콧날[콛날→콘날], 아랫니[아랟니→아랜니], 툇마루[퇻: 마루→퇸: 마루], 뱃머리[밷머리→밴머리]

㉢ 사이시옷 뒤에 '이' 음이 결합되는 경우에는 [ㄴㄴ]으로 발음한다.

> 예 베갯잇[베갣닏→베갠닏], 깻잎[깯닙→깬닙], 나뭇잎[나묻닙→나문닙], 도리깻열[도리깯녈→도리깬녈], 뒷윷[뒫: 뉻→뒨: 뉻]

03. 외래어 표기법

(1) 외래어는 국어의 현용 24자모만으로 적는다.

(2) 외래어의 1음운은 원칙적으로 1기호로 적는다.

(3) 받침에는 'ㄱ, ㄴ, ㄹ, ㅁ, ㅂ, ㅅ, ㅇ'만을 쓴다.

(4) 파열음 표기에는 된소리를 쓰지 않는 것을 원칙으로 한다.

(5) 이미 굳어진 외래어는 관용을 존중하되, 그 범위와 용례는 따로 정한다.

04. 로마자 표기법

(1) 표기의 기본 원칙

① 국어의 로마자 표기는 국어의 표준 발음법에 따라 적는 것을 원칙으로 한다.

② 로마자 이외의 부호는 되도록 사용하지 않는다.

③ 표기 일람

㉠ 모음

· 단모음

ㅏ	ㅓ	ㅗ	ㅜ	ㅡ	ㅣ	ㅐ	ㅔ	ㅚ	ㅟ
a	eo	o	u	eu	i	ae	e	oe	wi

- 이중모음

ㅑ	ㅕ	ㅛ	ㅠ	ㅒ	ㅖ	ㅘ	ㅙ	ㅝ	ㅞ	ㅢ
ya	yeo	yo	yu	yae	ye	wa	wae	wo	we	ui

ⓛ 자음

- 파열음

ㄱ	ㄲ	ㅋ	ㄷ	ㄸ	ㅌ	ㅂ	ㅃ	ㅍ
g, k	kk	k	d, t	tt	t	b, p	pp	p

- 파찰음

ㅈ	ㅉ	ㅊ
j	jj	ch

- 마찰음

ㅅ	ㅆ	ㅎ
s	ss	h

- 비음

ㄴ	ㅁ	ㅇ
n	m	ng

- 유음

ㄹ
r, l

(2) 로마자 표기 용례

① 자음 사이에서 동화 작용이 일어나는 경우

　예 백마[뱅마] Baengma, 신문로[신문노] Sinmunno, 종로[종노] Jongno, 신라[실라] Silla, 왕십리[왕심니] Wangsimni

② 'ㄴ, ㄹ'이 덧나는 경우

　예 학여울[항녀울] Hangnyeoul

③ 구개음화가 되는 경우

　예 해돋이[해도지] haedoji, 같이[가치] gachi

④ 체언에서 'ㄱ, ㄷ, ㅂ' 뒤에 'ㅎ'이 따를 때에는 'ㅎ'을 밝혀 적는다.

　예 묵호 Mukho, 집현전 Jiphyeonjeon

⑤ 된소리되기는 표기에 반영하지 않는다.

　예 압구정 Apgujeong, 샛별 saetbyeol, 울산 Ulsan, 낙성대 Nakseongdae, 합정 Hapjeong, 낙동강 Nakdonggang

⑥ 인명은 성과 이름의 순서로 띄어 쓴다. 이름은 붙여 쓰는 것을 원칙으로 하되 음절 사이에 붙임표(-)를 쓰는 것을 허용한다(〈 〉안의 표기를 허용함).

　예 민용하 Min Yongha 〈Min Yong-ha〉, 송나리 Song Nari 〈Song Na-ri〉

⑦ '도, 시, 군, 구, 읍, 면, 리, 동'의 행정 구역 단위와 '가'는 각각 'do, si, gun, gu, eup, myeon, ri, dong, ga'로 적고, 그 앞에는 붙임표(-)를 넣는다. 붙임표(-) 앞뒤에서 일어나는 음운 변화는 표기에 반영하지 않는다.

　예 양주군 Yangju-gun, 충청북도 Chungcheongbuk-do, 종로 2가 Jongno 2(i)-ga, 도봉구 Dobong-gu

⑧ 자연 지물명, 문화재명, 인공 축조물명은 붙임표(-) 없이 붙여 쓴다.

　예 독도 Dokdo, 경복궁 Gyeongbokgung, 독립문 Dongnimmun, 현충사 Hyeonchungsa, 남산 Namsan, 속리산 Songnisan, 금강 Geumgang, 남한산성 Namhansanseong

05. 높임 표현

(1) 주체 높임법

용언 어간 + 선어말 어미 '-시-'의 형태로 이루어져 서술어가 나타내는 행위의 주체를 높여 표현하는 문법 기능을 말한다. 예 선생님께서 그 책을 읽으셨(시었)다.

(2) 객체 높임법

말하는 이가 서술의 객체를 높여 표현하는 문법 기능을 말한다(드리다, 여쭙다, 뵙다, 모시다 등).
예 나는 그 책을 선생님께 드렸다.

(3) 상대 높임법

말하는 이가 말을 듣는 상대를 높여 표현하는 문법 기능을 말한다.

① 격식체

등급	높임 정도	종결 어미	예
해라체	아주 낮춤	-아라	여기에 앉아라.
하게체	예사 낮춤	-게	여기에 앉게.
하오체	예사 높임	-시오	여기에 앉으시오.
합쇼체	아주 높임	-ㅂ시오	여기에 앉으십시오.

② 비격식체

등급	높임 정도	종결 어미	예
해체	두루 낮춤	-아	여기에 앉아.
해요체	두루 높임	-아요	여기에 앉아요.

※ 공손한 뜻으로 높임을 나타낼 때는 선어말 어미 '-오-', '-사오-' 등을 쓴다.
　　예 변변치 못하오나 선물을 보내 드리오니 받아 주십시오.

---

04 이해력

1 문장배열

01. 글의 구성 요소

단어→문장→문단→글

① 단어 … 분리하여 자립적으로 쓸 수 있는 말이나 이에 준하는 말이나 그 말의 뒤에 붙어서 문법적 기능을 나타내는 말이다.

② 문장 … 생각이나 감정을 말로 표현할 때 완결된 내용을 나타내는 최소의 단위로, 주어와 서술어를 갖추고 있는 것이 원칙이나 생략될 수도 있다.

③ 문단 … 글에서 하나로 묶을 수 있는 짧막한 단위로, 한 편의 글은 여러 개의 문단으로 구성된다.

④ 글 … 어떤 생각이나 일 따위의 내용을 문자로 나타낸 기록이다.

02. 문단의 짜임

① 중심 문장 … 하나의 문단에서 나타내고자 하는 중심 내용이 담긴 문장

② 뒷받침 문장 … 중심 문장의 내용을 효과적으로 전달하기 위해 보조적으로 쓰인 문장

03. 접속어

관계	내용	접속어의 예
순접	앞의 내용을 이어받아 연결시킴	그리고, 그리하여, 이리하여
역접	앞의 내용과 상반되는 내용을 연결시킴	그러나, 하지만, 그렇지만, 그래도
인과	앞뒤의 문장을 원인과 결과로 또는 결과와 원인으로 연결시킴	그래서, 따라서, 그러므로, 왜냐하면
전환	뒤의 내용이 앞의 내용과는 다른 새로운 생각이나 사실을 서술하여 화제를 바꾸며 이어줌	그런데, 그러면, 다음으로, 한편, 아무튼
예시	앞의 내용에 대해 구체적인 예를 들어 설명함	예컨대, 이를테면, 예를 들면
첨가 · 보충	앞의 내용에 새로운 내용을 덧붙이거나 보충함	그리고, 더구나, 게다가, 뿐만 아니라
대등 · 병렬	앞뒤의 내용을 같은 자격으로 나열하면서 이어줌	그리고, 또는, 및, 혹은, 이와 함께
확언 · 요약	앞의 내용을 바꾸어 말하거나 간추려 짧게 요약함	요컨대, 즉, 결국, 말하자면

2 독해

01. 핵심어, 주제, 제목 찾기

(1) 핵심어

① 설명문의 내용 또는 제목 내의 중요한 내용을 요약한 핵심적인 단어 또는 문구를 핵심어라고 한다.

② 글의 처음이나 마지막 부분의 문장이 열쇠가 되는 경우가 많다.

③ 핵심어는 반복 사용되는 경향이 있다.

(2) 주제 파악하기의 과정

① 형식 문단의 내용을 요약한다.

② 내용 문단으로 묶어 중심 내용을 파악한다.

③ 각 내용 문단의 중심 내용 간의 관계를 이해한다.

④ 전체적인 주제를 파악한다.

(3) 주제를 찾는 방법

① 주제가 겉으로 드러난 글(설명문, 논설문 등)

  ㉠ 글의 주제 문단을 찾는다. 주제 문단의 요지가 주제이다.

  ㉡ 대개 3단 구성이므로 끝 부분의 중심 문단에서 주제를 찾는다.

  ㉢ 중심 소재(제재)에 대한 글쓴이의 입장이 나타난 문장이 주제문이다.

  ㉣ 제목과 밀접한 관련이 있음에 유의한다.

② 주제가 겉으로 드러나지 않는 글(문학적인 글)

  ㉠ 글의 제재를 찾아 그에 대한 글쓴이의 의견이나 생각을 연결시키면 바로 주제를 찾을 수 있다.

  ㉡ 제목이 상징하는 바가 주제가 될 수 있다.

ⓒ 인물이 주고받는 대화의 화제나 화제에 대한 의견이 주제일 수도 있다.

ⓔ 글에 나타난 사상이나 내세우는 주장이 주제가 될 수도 있다.

ⓜ 시대적·사회적 배경에서 글쓴이가 추구하는 바를 찾을 수 있다.

(4) 세부 내용 파악하기

① 제목을 확인한다.

② 주요 내용이나 핵심어를 확인한다.

③ 지시어나 접속어에 유의하며 읽는다.

④ 중심 내용과 세부 내용을 구분한다.

⑤ 내용 전개 방법을 파악한다.

⑥ 사실과 의견을 구분하여 내용의 객관성과 주관성 파악한다.

02. 추론하며 읽기

(1) 추론하며 읽기의 뜻

글 속에 명시적으로 드러나 있지 않은 내용, 과정, 구조에 관한 정보를 논리적 비약 없이 추측하거나 상상하며 읽는 것을 말한다.

(2) 추론하며 읽기의 방법

① 문장의 연결 관계를 통하여 생략된 정보를 추측한다.

② 뜻이 분명하지 않은 문장의 의미를 자신의 배경 지식을 활용하여 정확하게 파악한다.

③ 글에 제시되어 있는 내용을 바탕으로 글 속에 분명히 드러나 있지 않은 중심 내용이나 주제를 파악한다.

④ 문맥의 흐름을 기준으로 문단의 연결 관계를 정확하게 파악한다.

⑤ 글의 조직 및 전개 방식을 기준으로 글 전체의 계층적 구조를 정확하게 파악한다.

05 공간지각력

01. 도형추리

(1) 같거나 다른 모양의 도형을 찾는 문제

예 다음 제시된 도형과 다른 것을 고르면?

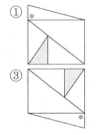

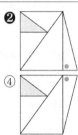

⇨ ② 그림을 제시된 도형과 같은 위치로 돌려보면 오른쪽과 같은 모양이 된다.

왼쪽 삼각형의 모양이 다른 것을 알 수 있다.

① 제시된 그림을 오른쪽으로 90° 회전시킨 모양이다.

③ 제시된 그림을 왼쪽으로 90° 회전시킨 모양이다.

④ 제시된 그림을 180° 회전시킨 모양이다.

(2) 회전한 도형의 모양을 찾는 문제

예 다음 그림 중에서 회전시켰을 때 서로 일치하는 도형을 고르면?

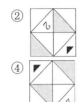

⇨ ② ▲의 모양이 다르다.
　② 2의 위치가 다르다.

02. 블록개수

(1) 전체 블록을 보여주고 개수를 찾는 문제

① 정사각형 모양의 블록의 개수는 가로 개수×세로 개수×높이 개수의 공식을 이용하여 찾는다.

② 불규칙적으로 쌓여 있는 경우 보이지 않는 곳의 개수까지 잘 살펴본다.

③ 쌓여있는 블록을 빈 곳에 옮겨서 구하는 방법을 이용할 수 있다.

④ 블록이 쌓여 있는 곳의 아랫부분은 빈 공간이 될 수 없다.

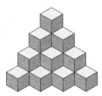

⇨ 맨 윗줄 : 1개
　두 번째 줄 : 3개
　세 번째 줄 : 6개
　맨 아래 줄 : 10개
　$1 + 3 + 6 + 10 = 20$
　(개)

(2) 앞 · 뒤 · 옆 블록의 모양을 보여주고 개수를 찾는 문제

① 앞 · 뒤 · 옆의 블록 모양을 통해 전체적인 블록의 모양을 유추한다.

② 공통적인 부분의 블록의 개수는 제외한다.

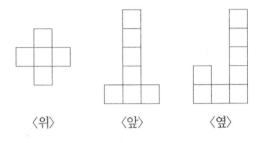

〈위〉　　〈앞〉　　〈옆〉

⇨ 입체적으로 생각해보면 쌓기나무의 모양은 오른쪽과 같은 모양이 된다.
　필요한 쌓기나무의 개수는 모두 10개이다.

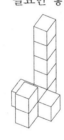

03. 전개도

(1) 기본적인 전개도의 모양

이름	입체도형	전개도
정사면체		
정육면체		
정팔면체		
정십이면체		

(2) 전개도 문제 유형

① 도형을 제시하고 전개도의 모양을 찾는 문제

예 다음 입체도형의 전개도로 옳은 것을 고르면?

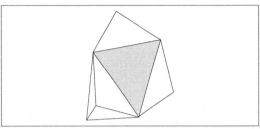

❶

②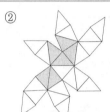

③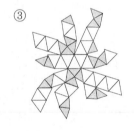

④

⇨ 전개도의 맞닿는 면을 잘 살펴보면 다음과 같다.

② 전개도를 통해 도형을 찾는 문제

> 예 다음 전개도를 접었을 때 만들어질 도형으로 올바른 것은?

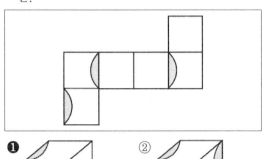

❶ 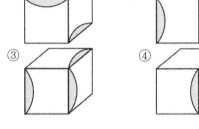 ②

③ ④

⇨ 전개도의 맞닿는 면을 잘 살펴보면 다음과 같다.

③번의 경우 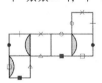 모양이 된다면 답이 될 수 있었으나, 무늬의 위치가 틀려 오답이다.

04. 회전체

(1) 동일한 전개도로 만들 수 있는(없는) 회전체 찾기

> 예 다음 중 동일한 전개도로 만들 수 없는 것은?

① ②

❸ 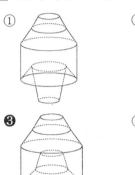 ④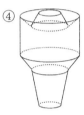

⇨ 회전체 맨 아랫부분의 길이가 다르다.

⑵ 축을 중심으로 회전시켰을 때의 회전체 찾기

> **예** 상자 안의 도형을 제시된 축을 중심으로 회전시켰을 때 생기는 입체의 모양은?

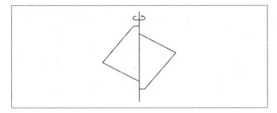

   ❶ ②

   ③ ④

⇨ 회전축을 중심으로 두 도형이 서로 어긋난 모양으로 만나고 있다. 맨 위와 맨 아래는 원기둥의 모양이 만들어지게 되며, 옆면은 뾰족한 부분과 들어간 부분이 생기게 된다. ② 번은 위아래에 원기둥의 모양이 생기지 않았기 때문에 오답이다.

05. 펀칭

⑴ 펀칭문제 해결

① 종이의 접힌 면을 잘 살펴본다.

② 접힌 면을 중심으로 펀칭구멍이 대칭으로 생긴다는 것을 염두 한다.

③ 펀칭 순서를 역으로 추리해나간다.

⑵ 대표적인 문제 유형

> **예** 다음 그림과 같이 화살표 방향으로 종이를 접은 후, 펀치로 구멍을 뚫어 다시 펼친 그림은?

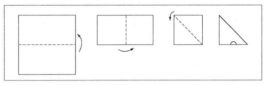

 ❶   ②

 ③   ④

⇨ 역으로 순서를 유추해보면 다음 그림과 같다. 접힌 면을 항상 염두해야 한다.

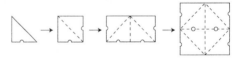

06. 절단면

(1) 절단면 구하기

① 원기둥은 밑면과 수직이 되도록 세로로 자르면 절단면은 직사각형 또는 정사각형이 된다.

② 원기둥을 밑면과 평행하도록 자르면 절단면은 원이 된다.

③ 원기둥을 비스듬하게 자르면 절단면은 타원형의 모습이 된다.

④ 구를 중심을 지나도록 단면으로 자르면 절단면은 원이 된다.

⑤ 구를 중심을 지나지 않는 단면으로 자르면 절단면은 타원이 된다.

---

(2) 절단면을 찾는 문제의 경우 도형을 여러 가지로 잘랐을 때 모양을 잘 유추해보아야 한다. 아래와 같은 문제를 보자.

예 다음 입체도형을 평면으로 잘랐을 때 생기는 단면의 모양이 아닌 것은?

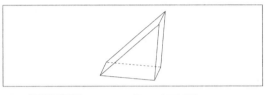

❶   ②

③   ④

⇨ 도형은 여러 가지 모양으로 자를 수 있는데 아래의 그림처럼 각각 ②로 자르면 사다리꼴 모양, ③으로 자르면 직사각형 모양, ④로 자르면 삼각형 모양이 나오게 된다.

②

③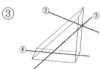

④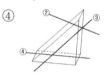